« LA SEULE CHOSE DONT NOUS PUISSIONS AVOIR PEUR, C'EST DE LA PEUR ELLE-MÊME – CETTE TERREUR SANS NOM ET SANS RAISON, SANS JUSTIFICATION, QUI PARALYSE LES EFFORTS POUR PASSER DE LA RETRAITE À L'AVANCE. »

Franklin D. Roosevelt, discours inaugural, 1er mars 1933

« TOUS LES HOMMES LIBRES, OÙ QU'ILS VIVENT,
SONT CITOYENS DE BERLIN. ET DONC, HOMME LIBRE,
JE SUIS FIER D'AFFIRMER : "ICH BIN EIN BERLINER !" »

John F. Kennedy, Berlin, 26 juin 1963

« TARISSONS LES SOURCES DU POISON RACIAL. PRIONS POUR QUE
LES CŒURS SOIENT SAGES ET REMPLIS DE TOLÉRANCE. METTONS DE CÔTÉ
LES DIFFÉRENCES SANS IMPORTANCE POUR FAIRE UNE CETTE NATION. »

Lyndon B. Johnson, signature du Civil Rights Act, 2 juillet 1964

« La paix que nous recherchons n'est pas une victoire sur un autre peuple,
mais une paix qui vient "avec la guérison sur ses ailes",
avec la compassion pour ceux qui ont souffert, [...]
avec la chance pour tous les peuples de cette terre de choisir leur destinée. »

Richard M. Nixon, discours inaugural, 20 janvier 1969

« VENEZ DEVANT CETTE PORTE ! OUVREZ CETTE PORTE, M. GORBATCHEV !
M. GORBATCHEV, DÉMOLISSEZ CE MUR ! »

Ronald W. Reagan, Berlin, 12 juin 1987

« AUJOURD'HUI, UNE GÉNÉRATION QUI A GRANDI DANS LES OMBRES DE LA GUERRE FROIDE ASSUME DE NOUVELLES RESPONSABILITÉS DANS UN MONDE QUE RÉCHAUFFE LE SOLEIL DE LA LIBERTÉ MAIS QUE MENACENT ENCORE DE VIEILLES HAINES ET DE NOUVELLES PESTES. »

William J. Clinton, discours inaugural, 21 janvier 1993

« JE SUIS UN PRÉSIDENT DE GUERRE.
ICI, DANS LE BUREAU OVALE, JE PRENDS DES DÉCISIONS DE POLITIQUE ÉTRANGÈRE
AVEC LA GUERRE À L'ESPRIT. »

George W. Bush, 7 février 2004

# SOMMAIRE

# LE PRÉSIDENT DES ÉTATS-UNIS
## UN POUVOIR IMPÉRIAL ?

Vincent Michelot

DÉCOUVERTES GALLIMARD
HISTOIRE

Les États-Unis possèdent la même Constitution depuis 1787. Des trois pouvoirs de l'État fédéral – législatif, exécutif et judiciaire, dans l'ordre où le texte organique en décrit les attributions –, la présidence est à la fois la plus novatrice des institutions et la plus virtuelle. C'est ainsi qu'elle a su s'adapter aux crises traversées par les États-Unis depuis leur indépendance, et finalement renverser une hiérarchie des pouvoirs dans laquelle, au moment fondateur, elle n'était que deuxième.

**CHAPITRE 1**

# L'EMPIRE DE L'EXÉCUTIF

I*nauguration Day* : les trois pouvoirs sur les marches du Capitole lors de l'investiture de Bill Clinton en 1993 (à gauche) et de Dwight Eisenhower en 1953 (ci-contre). Selon la Constitution, le président prête serment : « Je jure solennellement que je remplirai fidèlement mes fonctions de président des États-Unis et que, au mieux de mes possibilités, je sauvegarderai, protégerai et défendrai la Constitution des États-Unis. »

La France, dans la même période, a connu cinq Républiques, deux Empires, des périodes de Restauration, de révolution ou d'occupation. Et en ce début de XXIe siècle, on s'interroge sur l'épuisement de la Ve République et l'avènement de la VIe avec cette idée que les crises politiques en France sont souvent le prélude à un changement de régime. À l'opposé, aux États-Unis, la guerre de Sécession, la grande crise de 1929, la Seconde Guerre mondiale, la guerre froide, le Watergate ou encore les attentats du 11 septembre 2001 n'ont pas donné lieu à une refondation du régime. La Constitution s'est adaptée en jouant sur ses deux points d'équilibre et de séparation des pouvoirs, le vertical entre État fédéral et États fédérés, l'horizontal entre les trois pouvoirs de l'État fédéral : législatif, exécutif et judiciaire. Sur le plan institutionnel, toutes ces crises ont abouti au renforcement du pouvoir exécutif, que ce soit par accroissement du pouvoir fédéral aux dépens des États, ou par renoncement du Congrès et de la Cour suprême. Ce renforcement de la présidence est sans conteste la modification constitutionnelle la plus profonde de l'histoire des États-Unis.

**Les origines**

Les États-Unis naissent en 1776 sous la plume de Thomas Jefferson, rédacteur d'une Déclaration d'indépendance qui peut être lue comme un acte d'accusation contre la tyrannie de l'exécutif sous sa forme monarchique, une leçon tirée du système de gouvernement des Anglais dans leurs colonies américaines. Tout naturellement, les Américains se donnent une première constitution, les Articles de Confédération, qui codifie une Union a minima, sur des bases strictement nécessaires à la survie de la République. Les Articles sont profondément respectueux de la souveraineté et de l'indépendance des treize colonies devenues États. Ils imposent notamment la ratification de tout amendement à l'unanimité des États. Il n'y a pas de pouvoir judiciaire fédéral, et l'exécutif – le Comité du Congrès – est une simple émanation du législatif qui ne fonctionne que lorsque celui-ci n'est pas en session.

La Constitution des États-Unis est ratifiée en 1788 (ci-contre, la première page du texte signé le 17 septembre 1787). Simple et brève, elle comprend sept articles, les trois premiers organisant les

trois pouvoirs de l'État fédéral. Dès 1791, on y ajoute la Déclaration des droits, un bloc de dix amendements garantissant les libertés individuelles face à l'État fédéral. Par la suite, la Constitution ne sera amendée que 17 fois. Une deuxième révolution constitutionnelle aura lieu après la guerre de Sécession, avec les 13e, 14e et 15e amendements (abolition de l'esclavage, égale garantie des libertés dans chaque État, vote des affranchis). Le 27e et dernier amendement a été adopté en 1992.

We the People of the United States, in Order to form a more perfect Union, establish Justice,
sure domestic Tranquility, provide for the common defence, promote the general Welfare, and secure the Blessings of Liberty to ourselves
nd our Posterity, do ordain and establish this Constitution for the United States of America.

Article. I

ection. 1. All legislative Powers herein granted shall be vested in a Congress of the United States, which shall consist of a Senate and House
of Representatives.
ection. 2. The House of Representatives shall be composed of Members chosen every second Year by the People of the several States, and the Electors
each State shall have Qualifications requisite for Electors of the most numerous Branch of the State Legislature.
No Person shall be a Representative who shall not have attained to the Age of twenty five Years, and been seven Years a Citizen of the United States,
who shall not, when elected, be an Inhabitant of that State in which he shall be chosen.
Representatives and direct Taxes shall be apportioned among the several States which may be included within this Union, according to their respective

La convention de Philadelphie se déroule entre mai et septembre 1787 en présence de 55 délégués de 12 États sur 13 (le Rhode Island est absent). George Washington préside (ci-contre). Les débats portèrent sur le degré de souveraineté des États, sur leur représentation au sein du pouvoir législatif, sur la nécessité de créer un exécutif fort, mais aussi sur l'ajout à la Constitution d'une Déclaration des droits qui protégeât les libertés devant les menées potentielles d'un État fédéral désormais plus fort. Ils achoppèrent évidemment sur la question de l'esclavage. Il faut donc lire la Constitution comme un édifice fragile reposant sur de multiples compromis. Les échanges, jamais publiés dans leur intégralité, ne sont que partiellement connus. Et la meilleure défense de la Constitution reste à ce jour *Le Fédéraliste*, rédigé en 1788 par Alexander Hamilton, John Jay et James Madison afin de convaincre certains États de la ratifier.

Ce texte se révèle vite insuffisant pour résister aux tensions économiques, politiques et militaires que traverse la jeune République. En 1787, dans le but de former « une Union plus parfaite », la convention de Philadelphie entérine ce qui est encore aujourd'hui la Constitution des États-Unis. Cette Constitution apporte deux créations originales : un exécutif fédéral puissant, le président des États-Unis, dans un système de séparation des pouvoirs réglé par le jeu de freins et contre-pouvoirs. En 1791, les États ratifient la Déclaration des droits, dix amendements qui protègent les libertés des individus contre l'autorité de l'État fédéral.

Dès lors, le système va peu évoluer car chacun des trois pouvoirs (président, Congrès et Cour suprême) et des deux niveaux d'État (fédéral et fédéré) dispose des moyens d'empêcher un changement allant à l'encontre de ses intérêts. Qui plus est, la Constitution est véritablement sacralisée par une

procédure d'amendement qui la met largement à l'abri des emportements ou des majorités populaires transitoires : les constituants prévoient en effet dans l'article V qu'il faudra, pour modifier le texte organique, une majorité qualifiée des deux tiers dans chacune des deux chambres du Congrès, suivie d'une ratification par les trois quarts des États. La Constitution des États-Unis ne changera donc qu'à l'occasion de crises majeures.

### Un Congrès qui évolue peu

Si l'on compare la Constitution ratifiée en 1788 et la pratique politique en ce début de XXIe siècle, on constate que le premier des trois pouvoirs dans l'ordre constitutionnel, le Congrès (Chambre des représentants et Sénat), a peu changé : le nombre de sénateurs (deux par État) et de représentants (proportionnel à la population) s'est accru avec l'entrée de nouveaux États dans l'Union. La chambre haute a atteint 100 membres en 1958 avec l'admission de Hawaï et de l'Alaska, le 50e État.

Au XIXe siècle, le Sénat devient une institution centrale, car le débat sur l'esclavage s'y équilibre entre les États libres et les États esclavagistes également représentés au sein de la Chambre haute : le Sud y défend « l'institution particulière », et dans les années 1830, le Nord y réclame son invalidation. Webster (ci-dessus, debout à droite), Clay (auteur du Compromis du Missouri de 1820 partageant l'Union entre États libres et États esclavagistes) et Calhoun (théoricien de la nullification) sont les figures d'une institution qui connaît son « âge d'or » et représente un contrepoids efficace à l'exécutif.

La chambre basse a vu ses effectifs fixés à 435 en 1910. À cette évolution quantitative, qui induit bien sûr des modifications dans les modes de délibération et de débats des deux assemblées, il faut ajouter le 17e amendement, adopté à l'initiative du mouvement progressiste en 1913, qui dispose que les sénateurs, jusque-là désignés indirectement par les assemblées législatives des États, seront désormais élus au suffrage universel direct dans les États.

En dernier lieu, on a assisté au Congrès à une lente mais inexorable inversion dans la hiérarchie entre les deux chambres : première en prestige car représentant directement le peuple souverain, la Chambre des représentants se voit, au XXe siècle, supplantée par le Sénat dont les compétences spécifiques en matière de politique étrangère et de nominations (« l'avis et consentement »), la plus grande longueur du mandat de ses membres (six ans contre deux pour les représentants), leur liberté d'expression supérieure dans une institution qui incarne la protection des droits des minorités politiques et enfin le poids relatif de chaque élu dans les délibérations en font une assemblée plus valorisante pour ses membres.

À la fin du XXe siècle, la Chambre basse, censée représenter directement le peuple, s'en est progressivement détachée, en raison d'un système de découpage des circonscriptions fortement partisan qui favorise la réélection des sortants et en fait, paradoxalement, une chambre moins sensible aux évolutions de l'opinion publique que le Sénat. Les deux chambres du Congrès siègent dans le bâtiment du Capitole dans la capitale fédérale à Washington. Ci-dessous, prestation de serment des représentants lors de la cérémonie d'ouverture de la chambre basse, le 4 janvier 1989.

Mais fondamentalement, même si beaucoup d'observateurs décrivent aujourd'hui un Congrès faible ou « dysfonctionnel », l'institution s'est peu modifiée en profondeur.

**Une Cour suprême au pouvoir fluctuant, mais jamais premier**

Il en est de même pour la Cour suprême des États-Unis qui, dès lors qu'elle s'arroge en 1803 dans l'arrêt *Marbury v. Madison* l'exclusivité du contrôle de la constitutionnalité des lois, établit clairement le périmètre du judiciaire. Un périmètre qui connaîtra cependant quelques moments de reflux. Ainsi, lorsque les sages tentent maladroitement, par l'arrêt *Dred Scott vs Sanford*, de mettre fin au débat sur l'esclavage en 1857 et provoquent indirectement l'explosion de l'Union. Ou à l'époque du New Deal, quand la Cour s'oppose au président Roosevelt et à sa régulation de l'économie par l'État, avant de céder en 1937 devant la pression politique.

Mais la Cour suprême des États-Unis a aussi vécu des périodes de forte expansion de son pouvoir. C'est le cas lorsque, sous la longue présidence de Earl Warren (1953-1969), elle pose les bases constitutionnelles de la Grande Société de Lyndon Johnson et construit une nouvelle hiérarchie des libertés autour du droit de vote, de la définition du droit à l'intimité et de la revalorisation des droits des justiciables. Cependant, les pères fondateurs reconnaîtraient certainement leur ouvrage dans cette Cour régulatrice des équilibres entre les trois pouvoirs et les deux niveaux d'États. Elle reste, pour rappeler la formule célèbre d'Alexander Hamilton dans *Le Fédéraliste* n° 78, « le moins dangereux des trois pouvoirs », même si la concomitance dans les quarante dernières années de la « cohabitation à l'américaine » (un président et une majorité au Congrès issus de deux partis opposés, situation que les Américains qualifient de *divided government*),

John Roberts (à gauche), nommé président de la Cour suprême en 2005, succède à William Rehnquist, conservateur pragmatique comme lui. Le *Chief Justice* a peu de pouvoirs spécifiques : il désigne le rapporteur d'un arrêt, mais uniquement s'il appartient à la majorité. Considéré comme le plus haut magistrat des États-Unis, il s'exprime donc au nom de tous ses confrères ; enfin il préside les débats dans le procès du président lors de l'impeachment.

Le président nomme, « avec l'avis et consentement » du Sénat, les neuf juges de la Cour suprême des États-Unis. Cette politique de nomination produit parfois des effets surprenants : en 1953, le président conservateur Eisenhower porte le gouverneur de Californie Earl Warren à la tête de la Cour suprême (ci-contre, au centre en 1953). C'est pourtant sous la présidence de Warren, de 1953 à1969, que la Cour réalise la plus grande transformation de la jurisprudence de l'histoire américaine et met en place un ordre constitutionnel que les conservateurs contestent encore aujourd'hui. Elle entame ainsi le processus de déségrégation raciale dans les écoles publiques primaires et secondaires avec l'arrêt *Brown v. Board of Education of Topeka, Kansas* (1954) (ci-contre, manifestations), nationalise la Déclaration des droits pour mieux protéger les minorités, construit la séparation entre Église et État à partir d'une nouvelle interprétation du 1er amendement, fonde le « droit à l'intimité » (*privacy right*) et constitutionalise le principe « une personne, une voix ».

de « guerres culturelles » sur des sujets tels que l'avortement, la discrimination positive ou le mariage homosexuel, et de la montée en puissance d'un mouvement conservateur qui contestait radicalement la hiérarchie des libertés établie par la Cour dans les années 1960 a accru la présence du haut tribunal sur le devant de la scène politique américaine.

**La présidence : aux origines d'une singularité**

En revanche, la présidence est sans nul doute celui des trois pouvoirs qui s'est le plus éloigné de l'intention originelle des constituants américains, dans le texte organique tout comme dans la pratique. En 1787, les pères de la nation scindaient l'atome de la souveraineté entre le peuple et les États, fondant conjointement l'État fédéral pour prévenir tout retour de la tyrannie, c'est-à-dire d'un exécutif trop puissant. Non seulement l'exercice du pouvoir exécutif était soumis à de puissants contre-pouvoirs, mais encore la Déclaration des droits, ratifiée en 1791, mettait à l'abri du pouvoir de l'État fédéral, et donc du président des États-Unis, la régulation des libertés fondamentales des citoyens, qu'il s'agisse de liberté d'expression ou de culte, du droit de porter des armes dans le cadre de milices bien organisées, ou encore des garanties fondamentales des justiciables. À l'opposé, l'exécutif américain répondait à des impératifs fonctionnels pressants afin de permettre des décisions rapides et l'action conjointe de tous les États face à l'urgence économique ou militaire.

C'est donc dans l'ambivalence et la tension dynamique entre efficacité et liberté que naît la présidence des États-Unis, qui est la création la plus originale mais aussi la plus osée de tout le dispositif institutionnel. Car, si les États possédaient déjà une expérience affirmée d'assemblées législatives

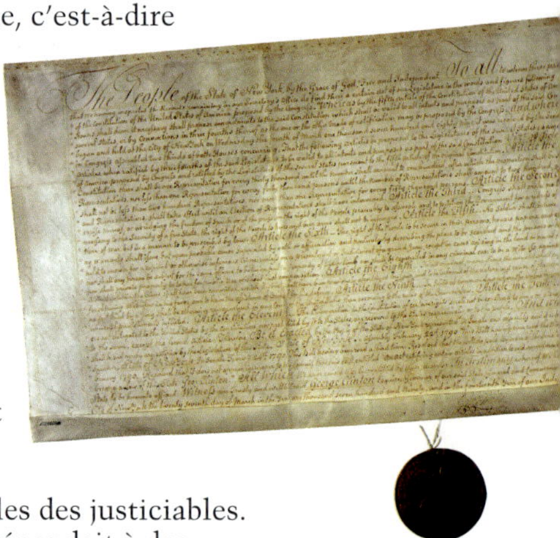
The People of the State of New York by the Grace of God, Free and Independent
To all

Cette représentation emblématique du Père de la nation entouré du sceau des États-Unis et de celui des 13 États fondateurs (page de droite) représente à la fois la centralité de la fonction présidentielle et toutes les limites qui s'exercent constitutionnellement contre une potentielle dérive monarchique. La figure de George Washington reste centrale dans le discours politique américain, qui affirme systématiquement la continuité par rapport aux pères fondateurs et la capacité de faire reposer toute action sur une interprétation consensuelle de la Constitution.

fortes, ils entraient dans l'inconnu lorsqu'ils créaient un exécutif fédéral, comme en témoigne tout simplement leur difficulté à s'accorder sur le titre même de l'homme qui se trouverait à la tête de l'exécutif, « président » ne s'imposant que tard dans les débats à Philadelphie.

La Déclaration des droits (à gauche) protège les individus contre le pouvoir fédéral, pas contre celui des États. Ce sera l'objectif du 14e amendement en 1868.

C'est donc bien une présidence délibérément circonscrite dans ses pouvoirs que les pères fondateurs décrivent dans la Constitution. C'est aussi une institution aux contours incertains qui se profile, comme le rappelle la politologue Marie-France Toinet d'une formule superbe : « La Constitution, en décrivant la présidence, dessine une institution floue, mais cette faiblesse est devenue une force : n'étant que virtuelle, la présidence a pu devenir réelle. » Dans la réalité, ce passage du virtuel au réel se fait rapidement.

En février1945, à Yalta, le président Roosevelt participe aux accords fixant le partage du monde en zones d'influence entre le bloc soviétique et le monde libre (ci-contre, entre Churchill et Staline). Harry Truman, qui succède à FDR, décédé en avril, sera présent à San Francisco le 26 juin 1945 pour la signature de la Charte de l'ONU (ci-dessous, Truman à gauche du représentant des États-Unis à l'ONU, qui signe la Charte).

De fait, la cause profonde et première de l'expansion du pouvoir exécutif entre la période fondatrice et le XXIe siècle est à trouver dans le changement de statut des États-Unis dans la communauté des nations : jeune République située aux marges extrêmes des empires européens, faible et protégée essentiellement par l'éloignement, les États-Unis sont, quelque 220 ans plus tard, devenus la première puissance économique et militaire mondiale. Ils se trouvent naturellement au centre de tous les échanges, par leur capacité de projection militaire, le rôle de leur monnaie, leur consommation d'énergie et de biens, mais aussi leur influence dans les institutions internationales telles que l'Organisation des Nations unies (ONU) ou le Fonds monétaire international (FMI). Si quelques

grands présidents des États-Unis tels Washington, Andrew Jackson, Abraham Lincoln, Theodore Roosevelt ou Franklin Roosevelt façonnent l'institution pour réaliser leurs desseins, c'est bien en premier lieu l'extraordinaire accroissement de la puissance des États-Unis qui change la nature même de l'exécutif américain.

Au sortir de la Seconde Guerre mondiale, les États-Unis sont, pour la première fois de leur histoire, au centre d'un nouvel ordre politique et économique mondial. Le président devient la figure de proue de l'affrontement entre les deux blocs. Ses pouvoirs de chef de l'État et de chef des armées prennent alors une importance capitale dans la gestion de l'exécutif et relèguent presque ses responsabilités intérieures au second plan. Le pouvoir accru du président et la césure entre l'extérieur et l'intérieur, entre l'État providence et l'appareil de sécurité nationale sont au cœur de l'isolement progressif de la présidence américaine, qui va se décliner entre le « gouffre de la crédibilité » de Lyndon Johnson, l'impérialisation de Richard Nixon, l'affaire Iran-Contra de Ronald Reagan ou encore la guerre en Irak de George W. Bush.

Les pouvoirs du président des États-Unis sont tantôt explicitement décrits dans l'article II de la Constitution, tantôt construits à partir d'une lecture de l'implicite du texte organique. La pratique de la fonction présidentielle et l'histoire des États-Unis ont créé, de fait, une nouvelle Constitution.

**CHAPITRE 2**

# DU VIRTUEL AU RÉEL : L'ARTICLE II EN MOUVEMENT

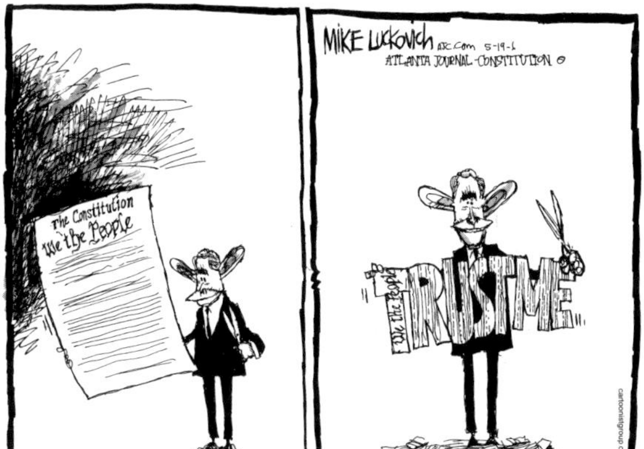


Annonçant le programme législatif du président, le discours sur l'état de l'Union est un moment clé de la vie politique américaine. En janvier 2002, celui de George W. Bush porte la marque de l'après-11 Septembre (à gauche). Le discours sur l'état de l'Union montre aussi la flexibilité de l'article II, souvent raillée par les caricaturistes (à droite, Bush interprète la Constitution comme un chèque en blanc : « Faites-moi confiance »).

## Un mandat court

Au commencement, il y a la Constitution qui, dans son article II, ne donne au président que des pouvoirs assez limités. D'abord, son mandat n'est que de quatre ans, là où celui des sénateurs, qui représentent la légitimité des États au Congrès, est de six ans. Il est désigné au suffrage indirect par le biais d'un collège électoral et ne peut donc exciper de la légitimité conférée par le suffrage national direct, qui n'existe d'ailleurs pas aux États-Unis. Mais il faut souligner que le président est le seul élu sur lequel tous les Américains en âge et en droit de voter peuvent se prononcer.

En 1940, les tenants de l'isolationnisme et les opposants au New Deal utilisent l'argument constitutionnel pour refuser un troisième mandat de Roosevelt (ci-contre et ci-dessus).

Les constituants avaient décidé de ne pas limiter le nombre des mandats qu'un même homme peut effectuer : George Washington, en refusant de se représenter pour un troisième mandat en 1796, inaugure une tradition et pose une règle non écrite de deux mandats qui sera respectée par tous ses successeurs, jusqu'à Franklin Roosevelt en 1940. Sa réélection en 1940 et en 1944 dans les circonstances particulières du conflit mondial, à laquelle s'ajoute l'animosité des Républicains écartés du pouvoir entre 1933 et 1947, conduira à l'adoption, puis à la ratification en 1951 du 22e amendement, qui limite à deux le nombre de mandats qu'un président peut effectuer. La Constitution consacre là une pratique dont Franklin Roosevelt fut le seul à s'écarter.

À l'origine, la Constitution prévoyait même que deviendrait vice-président le candidat arrivé deuxième en nombre de suffrages obtenus au sein du collège électoral. Ce système instaurait presque une automaticité de la cohabitation partisane à la tête de l'État et donc un certain affaiblissement du pouvoir exécutif, même si à l'époque les partis n'avaient pas d'existence réelle (il n'en est nulle part fait mention dans la Constitution) et si le vice-président était doté de pouvoirs très limités et dépendant exclusivement du bon vouloir du président. En 1804, l'adoption du 12e amendement remédie à cette situation en instituant l'élection d'un président et d'un vice-président.

### Chef d'État et maître de la polique étrangère

À la tête de l'exécutif, le président des États-Unis est à la fois chef de l'État et chef du gouvernement, dont les ministres, dans un système de séparation des pouvoirs, ne sont responsables que devant lui seul. De la fonction de chef de l'État dérive un pouvoir de représentation de la nation à l'étranger et donc une prééminence de l'exécutif en matière de conduite de la politique étrangère des États-Unis. Même si rien dans la Constitution ne codifie ce rôle de chef de la diplomatie, il existe un faisceau d'indications tendant à renforcer le président

Après s'être libéré de la règle non écrite des deux mandats en 1940, Roosevelt se représente naturellement en 1944, la guerre n'étant terminée ni en Europe ni dans le Pacifique. À la convention démocrate de juillet (au centre), le slogan principal est celui d'une « paix durable », à construire par les armes mais aussi par la négociation diplomatique. C'est l'apanage du président des États-Unis, surtout en temps de guerre où son rôle de chef des armées se confond avec celui de chef de l'État. L'élection de 1944 inaugure une longue série de scrutins dominés par les enjeux internationaux et la guerre : guerre froide (1948), guerre de Corée (1952), guerre du Viêtnam (1964, 1968, 1972).

La reconnaissance de la Chine par les États-Unis, matérialisée par le voyage de 1972 (ci-dessus), est une initiative du président Nixon et de son conseiller à la Sécurité nationale, Henry Kissinger. En 1969, Nixon avait ordonné le bombardement du Cambodge et du Laos, qui abritaient des troupes du Viêt-công. Ces deux décisions, qui vont changer le cours de la guerre froide et les équilibres géostratégiques, révèlent la capacité de la présidence à fonctionner de manière isolée, sans exercice des contre-pouvoirs du Congrès.

dans cette fonction : c'est lui en effet qui négocie et signe les traités avec les pays étrangers (même si ces traités ne peuvent entrer en application qu'après avoir été ratifiés à la majorité qualifiée des deux tiers par le Sénat) ; il nomme, après avis et consentement du Sénat, les ambassadeurs des États-Unis et reçoit les lettres de créance des ambassadeurs étrangers, mais surtout il possède l'initiative de l'établissement ou de la rupture des relations diplomatiques avec les pays étrangers. La simple évocation d'un Richard Nixon reconnaissant la République populaire de Chine, puis décidant de nouer des relations avec elle, une décision qui inaugure une nouvelle ère de la géopolitique mais aussi de la guerre froide, suffit à démontrer l'extraordinaire pouvoir que détient là l'occupant de la Maison-Blanche.

La prééminence présidentielle en matière diplomatique dépend largement de la volonté, mais aussi de la capacité d'opposition, de résistance et de contre-proposition du Sénat. Or il faut un concours de circonstances exceptionnel pour que la chambre haute parle d'une seule voix, offre une véritable solution de rechange à la politique menée par le président et mette en jeu sa légitimité dans un affrontement direct avec le chef de l'exécutif. Même lorsque le président empiète sur ses prérogatives, il est rare que le Sénat, surtout si la majorité au Congrès et le président sont du même parti, fasse jouer le réflexe de l'identité institutionnelle. De plus, à cause du patriotisme national, les affrontements entre Congrès et présidence vont se produire plus naturellement dans le domaine de la politique intérieure, même si la politique extérieure est le principal domaine d'extension du pouvoir exécutif. Il y a donc là une forme d'asymétrie institutionnelle qui profite au président.

La signature par le président Clinton, le 8 décembre 1993, du traité de l'ALENA (ci-dessous) formalisant le libre-échange entre les États-Unis, le Canada et le Mexique, illustre la continuité de la fonction présidentielle. Les négociations liminaires avaient été entamées par le républicain George H.W. Bush, mais c'est son successeur démocrate qui devra plaider devant le Sénat pour en obtenir la ratification. Cette action fragilisa d'ailleurs la position du président Clinton vis-à-vis du monde syndical, soutien électoral majeur du Parti démocrate.

### Le président chef des armées

Le rôle de chef de la diplomatie se trouve prolongé et soutenu par la fonction de commandant en chef des armées, explicitement décrite dans l'article II, section 2, paragraphe 1. Même si les constituants ne l'envisageaient pas ainsi, le président dispose par ce biais d'un moyen de pression considérable pour appuyer ses initiatives diplomatiques. Certes, le pouvoir de déclarer la guerre appartient au seul Congrès qui dispose aussi des cordons de la bourse ; pour autant, tous les historiens et les observateurs de la présidence voient dans ce rôle de chef des armées la source première du renforcement du pouvoir de l'exécutif américain, en particulier dans la période moderne. Arthur Schlesinger, le théoricien du concept de « présidence impériale », affirmait en 2004 : « Cette crise internationale chronique que fut la guerre froide finit par donner aux présidents le loisir d'exercer de manière soutenue et continue des prérogatives quasi monarchiques. Ce qui était à l'origine des pouvoirs d'exception temporairement confiés aux présidents se codifia en une autorité revendiquée comme constitutionnellement inhérente à la fonction : d'où la présidence impériale. » On remarque en effet que, si au XIXe siècle et même dans la première partie du XXe siècle les États-Unis se trouvent peu souvent engagés dans des conflits militaires (et le sont, qui plus est, sur des périodes courtes), en revanche, depuis Pearl Harbor, les conflits armés sont nombreux et longs, qu'il s'agisse de la Seconde Guerre mondiale, des guerres de Corée (1950-1953) et du Viêtnam (1964-1975), ou encore de la guerre en Irak, qui entrait en 2008 dans sa sixième année. On peut presque distinguer une Constitution de temps de guerre et une Constitution de temps de paix, distinction qui permet au président d'accroître ses pouvoirs, en même temps qu'elle oblige Congrès et Cour suprême à plus de déférence.

**Faire la guerre sans la déclarer**

Si la guerre prend une place plus importante dans l'agenda politique américain, elle a changé aussi de nature

depuis 1945. En effet, la Seconde Guerre mondiale est le dernier conflit armé qui ait donné lieu à une déclaration de guerre en bonne et due forme de la part du Congrès. Par la suite, et malgré quelques tentatives malheureuses du Congrès de recouvrer ses

ACIFIC BATTLE WIDENS;
D; 1,500 DEAD IN HAWAII;
ITED AT SAN FRANCISCO

prérogatives constitutionnelles, le président pourra envoyer des troupes américaines sur un théâtre d'opérations extérieur en contournant sénateurs et représentants. Le chef de l'exécutif peut se contenter de l'autorisation du Congrès d'utiliser la force militaire pour des raisons d'opportunisme tactique ou diplomatique (lors des guerres de Corée et du Viêtnam, les présidents Truman et Johnson redoutaient qu'une déclaration de guerre officielle ne provoque l'entrée dans le conflit de la Chine ou de l'URSS), ou lorsqu'il n'existe pas chez l'ennemi de gouvernement représentatif auquel on puisse déclarer la guerre (l'Afghanistan des talibans après le 11 Septembre et aussi ce que les Américains appellent la « guerre contre le terrorisme »). Ou encore, quand la guerre est présentée comme une simple opération de police visant à faire respecter le droit international tel qu'il s'incarne dans des résolutions de l'ONU (cas de la seconde guerre d'Irak). De fait, l'impérialisation de la présidence américaine est fondée sur la banalisation des pouvoirs exceptionnels de l'exécutif au nom d'une menace pérenne sur la sécurité des États-Unis.

La Seconde Guerre mondiale (en haut à gauche, le *New York Times* du 9 décembre 1941 annonçant l'entrée en guerre des États-Unis), la guerre du Viêtnam (au centre, l'un de ses célèbres hélicoptères) ou encore le second conflit irakien, dont George W. Bush (ci-dessous) proclame prématurément la fin en 2003 sur le *USS Lincoln* avec son « Mission accomplie » : ces guerres ont accru les pouvoirs du président, mais elles ont aussi fragilisé la fonction elle-même en liant son destin à l'issue du conflit.

## Nommer, c'est gouverner

Le troisième pouvoir majeur conféré au président par la Constitution est celui des nominations : le chef de l'exécutif nomme, après avoir recueilli « l'avis et le consentement » du Sénat, les ministres, les ambassadeurs et tous les magistrats fédéraux, du juge de première instance aux neuf juges de la Cour suprême des États-Unis en passant par ceux des treize cours d'appel du pays. Tous ces magistrats sont nommés à vie, quel que soit le tribunal. À de rares exceptions près, ce pouvoir de nomination ne soulève pas de difficulté dès lors qu'il s'applique aux ministres et aux ambassadeurs. Sauf incompétence notoire, favoritisme, népotisme ou problème attaché à la personne, il semble normal que, dans le choix de grands commis de l'État qui servent selon le bon plaisir du chef de l'exécutif, peuvent à tout moment être révoqués et savent que leur durée de vie dans la fonction n'excédera jamais celle du président, ce dernier jouisse d'une grande latitude.

En revanche, les nominations judiciaires ont toujours posé plus de problèmes puisqu'un président peut influencer le fonctionnement du pouvoir judiciaire bien au-delà du terme de son mandat. Lorsque, par exemple, Franklin Roosevelt nomme à la Cour suprême le sénateur Hugo Black en 1937, puis William O. Douglas, le président de la Securities and Exchange Commission (SEC) en 1939, il installe deux juges qui siégeront

jusqu'en 1971 pour le premier et jusqu'en 1975 pour le second. Ils y représenteront sa philosophie constitutionnelle pendant les mandats des présidents Truman, Eisenhower, Kennedy, Johnson et Nixon. À cela s'ajoute la possibilité pour le président de recomposer les échelons inférieurs du judiciaire : aujourd'hui un président qui effectue deux mandats, est à même de désigner environ deux tiers de l'ensemble des magistrats fédéraux.

Le pouvoir de nomination possède donc deux caractéristiques fortes : d'abord, le Congrès et la Cour suprême ne disposent pas d'une prérogative équivalente pour influer sur la composition de l'exécutif. Par ailleurs, le contre-pouvoir qui s'exerce – la nécessité pour le président d'obtenir « l'avis et consentement » du Sénat – est par essence faible. Il ne fonctionne vraiment que lorsque le Sénat dispose d'une majorité d'opposition au président et dans le cas où le candidat proposé a une haute « visibilité » politique qui fait craindre les conséquences de son entrée en fonction sur la jurisprudence de la Cour. Comme dans le cas de la diplomatie et des pouvoirs de guerre, le système dit des « freins et contre-pouvoirs » (*checks and balances*) fonctionne de manière asymétrique au profit de l'exécutif qui, dans ses nominations, conserve l'initiative et jouit de la présomption de qualification pour les personnes qu'il désigne.

En juillet 1987, après que Lewis Powell, juge de la Cour suprême des États-Unis modéré et très consensuel, avait annoncé sa retraite, le président Reagan propose la nomination de Robert Bork (page de gauche). Ce juriste conservateur, prolixe dans des écrits très critiques quand à la jurisprudence « libérale » de la Cour suprême, est aussi l'ancien numéro deux du ministère de la Justice au moment du Watergate. Après de longues auditions devant la commission judiciaire, on assiste, pour la première fois depuis 1935, au rejet direct d'une nomination à la Cour suprême par le Sénat. Les organisations de défense des droits civiques et des droits des femmes (au centre, pancartes de manifestants anti-Bork) l'avaient emporté en s'appuyant sur la nouvelle majorité démocrate à la chambre haute. Ronald Reagan restera pourtant dans l'Histoire comme le premier président à avoir nommé une femme à la Cour suprême des États-Unis. Sandra Day-O'Connor, qu'on voit ici prêtant serment en 1981 devant le *Chief Justice* Burger (en haut), siégera vingt cinq ans à la Cour et sera rejointe en 1994 par une autre femme, Ruth Bader Ginsburg.

## Les pouvoirs législatifs… de l'exécutif : signer ou opposer son veto

Même si la Constitution des États-Unis confie explicitement l'ensemble des pouvoirs législatifs au Congrès, le président est très loin de se cantonner dans le rôle d'un observateur passif du processus de rédaction de la loi. La première raison tient tout simplement à l'article I, section 7, alinéa 2 de la Constitution qui dispose que « toute proposition de loi qu'auront approuvée la Chambre des représentants et le Sénat devra, avant d'être promulguée comme loi, être présentée au président des États-Unis ». Celui-ci doit alors la signer ou y opposer son veto qui ne pourra être surmonté que par une majorité qualifiée des deux tiers dans chacune des deux chambres du Congrès. Un texte qui n'aurait pas été renvoyé au Congrès dans les dix jours qui suivent sa présentation est considéré comme adopté ; à l'inverse, si le Congrès ajourne ses travaux dans un délai de moins de dix jours après la présentation de la proposition de loi au président sans que ce dernier ne l'ait signée, le texte ne peut devenir loi. Cette situation est qualifiée de « veto de poche » car, figurativement, le président met la proposition dans sa poche en attendant que le Congrès ne soit plus en session. C'est là une procédure rapide et discrète qui n'exige pas que le président justifie publiquement son veto, même si le résultat final est le même.

Le *Social Security Act* de 1935 crée le système américain de retraite par répartition (carte ci-dessous). Il sera mis au crédit du président Franklin Roosevelt.

Une réflexion s'impose à ce stade : sur la question du veto, il est totalement inutile de comparer le texte constitutionnel et la pratique à la fin du XVIIIe siècle à la situation moderne ou contemporaine. En effet, une des caractéristiques majeures de la Constitution des États-Unis réside dans un silence : nulle part, il n'y est fait mention des partis politiques, les constituants craignant que les factions ne menacent l'unité fragile de la République. Très vite cependant, deux partis structurés, d'importance assez proche, vont

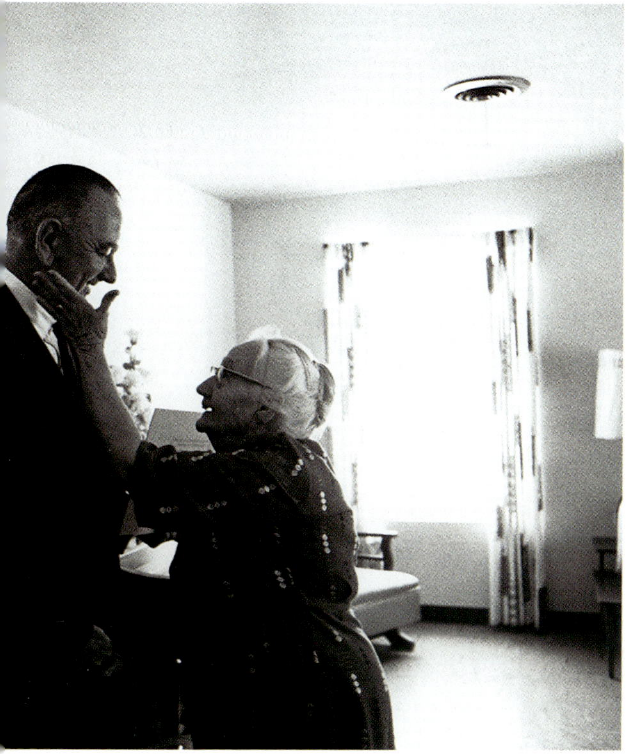

Parmi les avancées législatives initiées par le pouvoir présidentiel figure le programme Medicare. Cette femme témoigne sa gratitude au président Johnson qui, en 1965, grâce à un amendement du *Social Security Act*, permet la création de cette couverture médicale pour toutes les personnes âgées. Avec Medicaid qui couvre les personnes vivant au-dessous du seuil de pauvreté, Medicare constitue un des piliers de la Grande Société de Lyndon Johnson. La même année, le Congrès adopte le *Voting Rights Act*, qui va permettre l'entrée de plain-pied des Noirs américains dans l'accès au suffrage, mais aussi révolutionner la carte électorale des États-Unis. Ce badge du Student Non-Violent Coordinating Committee,

« un homme, une voix », illustre la collaboration existant entre Congrès, Cour suprême et organisations de défense des droits civiques.

apparaître. Les périodes durant lesquelles l'un d'eux disposera de la majorité qualifiée des deux tiers dans chacune des deux chambres, nécessaire pour passer outre au veto présidentiel, seront très rares. Le veto s'avère donc une arme redoutable et il suffit souvent que le président menace de l'exercer pour anéantir les ardeurs du Congrès. Plus l'équilibre entre Démocrates et Républicains dans les chambres est proche de 50/50, plus le veto devient efficace. Conséquence paradoxale : les présidents qui font face à des Congrès aux majorités partisanes numériquement faibles (cas de George W. Bush durant ses deux mandats, y compris dans la période 2007-2008 face au Congrès démocrate) n'ont que très peu souvent recours au veto.

En jouant sur le ressentiment anti-syndical, cette carte postale de 1948 invite à voter pour le candidat républicain, Thomas Dewey. Elle rappelle aux électeurs que le président Truman a opposé son veto à la loi Taft-Hartley qui limitait le pouvoir des syndicats, notamment dans leur participation au financement des élections.

Par ailleurs, toute l'histoire politique des États-Unis est traversée par un débat sur les conditions d'exercice du droit de veto qui montre une tentative continue de la part de l'exécutif d'accroître ce pouvoir. En effet, la Constitution ne donne pas au président le loisir d'émettre un veto partiel ou sélectif sur les seules parties contestées d'un texte de loi. Or beaucoup de ces textes, le budget en premier lieu mais aussi les lois sur le terrorisme, portent sur des sujets qui engagent le bon fonctionnement de l'État ou la sécurité nationale. Le président ne peut donc pas y opposer son veto sans risque politique important, même si le Congrès a glissé dans le texte des dispositions qu'il

UNDER NIXON
3 MILLION TONS
OF BOMBS
DROPPED ON
INDOCHINA

réprouve. Trois moyens s'offrent au chef de l'exécutif pour contourner cet obstacle : la négociation en amont avec le Congrès, ce qui sous-entend que le président a cultivé ses réseaux au Congrès ; le veto sélectif (*line-item veto*), dont le président

a disposé pour une très courte période entre l'adoption du *Line-item Veto Act* de 1996 et sa censure par la Cour suprême des États-Unis en 1998 dans l'affaire *Clinton v. City of New York*;
la déclaration de signature (*signing statement*), un document que le président publie au moment où il signe un texte de loi et dans lequel il décrit les éventuelles objections constitutionnelles qu'il peut émettre, ce qui revient à inviter l'administration fédérale, à la tête de laquelle il se trouve, à ne pas appliquer les dispositions contestées. Quelle qu'en soit la forme, le président dispose donc avec le veto d'une arme redoutable pour peser sur la rédaction des textes législatifs.

Le président, chef de l'Administration, propose le projet de budget au Congrès (ici, projet de l'année 2007). Le Congrès le discute et le « rédige » avant de le voter. Le document revient vers le président qui, en l'absence de veto sélectif, ne peut que l'accepter ou le rejeter en bloc.

L'opinion a dénoncé le coût humain et financier de la guerre du Viêtnam (au centre). Ce conflit démontre qu'une fois l'armée sur le terrain d'opérations, le président peut dessaisir le Congrès des cordons de la bourse en matière militaire. La menace du veto, le réflexe patriotique et l'invocation des pouvoirs de chef des armées rendent sa résistance presque illusoire. Ce sera aussi le cas avec le second conflit en Irak.

### L'initiative budgétaire

D'autres éléments de la Constitution accroissent le pouvoir législatif du chef de l'exécutif : d'abord l'article II, section 2, alinéa 1, prévoit que le président « pourra requérir l'opinion, par écrit, du principal responsable de chacun des ministères sur tout sujet relatif aux devoirs de sa charge ». Cela signifie par exemple que le président peut demander au ministre de la Défense les éléments nécessaires à la préparation d'un budget qu'il soumettra par la suite au Congrès. Dans la réalité, même si le Congrès, selon l'article I, section 8, alinéa 1, a le pouvoir « d'établir et de percevoir des taxes, droits, impôts directs et indirects » mais aussi de « pourvoir à la défense commune et de veiller au bien être général » des États-Unis, il devient très vite impossible d'imaginer un processus budgétaire dont le point d'origine ne serait pas la Maison-Blanche.

### Informer sur l'état de l'Union

Une autre disposition constitutionnelle complète les pouvoirs législatifs du président : l'article II, section 3 prévoit que « le président informera de temps en temps le Congrès sur l'état de l'Union et appellera son attention sur les mesures qu'il croira nécessaires et convenables ». La formulation est des plus floues, à la fois sur la périodicité et sur les modalités pratiques mais, là encore, cette souplesse du texte organique va se révéler un avantage pour l'exécutif : le président dispose en effet par ce biais d'une procédure qui lui permet de présenter au Congrès un programme législatif et, lorsqu'il s'agit de son premier discours sur l'état de l'Union, d'un programme pour sa mandature. Dans la pratique, le président se voit donner par cet alinéa l'initiative en matière législative. Il bénéficie en effet de l'unité d'action face à 535 sénateurs et représentants issus de partis opposés, de circonscriptions et de sensibilités politiques très diverses, ce qui rend impossible une expression unitaire.

Au total donc, le président peut aisément être décrit comme le « législateur en chef », puisque c'est prioritairement sur son programme, et selon un calendrier qu'il fixe, que le Congrès travaille, quand bien même exécutif et législatif ne seraient pas issus de la même majorité partisane.

Le président Kennedy prononce ici son premier discours sur l'état de l'Union, le 30 janvier 1961. Élu à une faible majorité, attendu sur les rapports avec l'URSS en raison de son peu d'expérience internationale, JFK doit aussi faire face aux résistances conservatrices de son propre parti. Au-delà du Congrès, il doit, plus que tout autre avant lui, s'adresser directement au peuple, pour qu'il soutienne une nouvelle politique en Amérique du Sud (l'« alliance pour le progrès ») et un programme législatif ambitieux.

### Le pouvoir réglementaire

Mais, sans aucun doute, la clause la plus souple et donc la plus avantageuse de l'article II est l'avant-dernière, la section 3, qui prévoit que le président « veillera à ce que les lois soient fidèlement exécutées », ce qui lui donne un pouvoir réglementaire considérable qui peut, dans beaucoup de domaines techniques, s'apparenter à un pouvoir législatif. En effet, dès lors que la loi a été votée par

le Congrès et signée par le président, sa mise en application dépend du bon vouloir de l'exécutif. Il peut en fixer les normes techniques, juridiques ou commerciales par le biais d'une agence fédérale qui dépend de lui. Il peut aussi, en cas de non-application de ces normes, déterminer l'opportunité de poursuites plus ou moins systématiques (cas des lois antitrusts au début du XXe siècle). On pense bien sûr au domaine de l'énergie nucléaire, où le Congrès légifère, mais où la Commission de réglementation nucléaire (Nuclear Regulatory Commission, créée en 1974) et avant elle la Commission à l'énergie atomique (Atomic Energy Commission, instituée en 1946) corédige la loi en établissant normes et procédures scientifiques. Il en va de même dans le domaine de l'écologie, où l'Agence de protection de l'environnement (Environment Protection Agency, établie en 1970) joue un rôle majeur à la fois dans la décision d'engager des poursuites contre les pollueurs, mais aussi dans la détermination des seuils de polluants acceptables ou recommandables.

UNITED STATES NUCLEAR REGULATORY COMMISSION

Le débat et les enquêtes suscités par l'accident à la centrale nucléaire de Three Mile Island (1979) ont mis en évidence le statut ambigu des agences et commissions gouvernementales telles que la Nuclear Regulatory Commission (ci-dessus). Leurs pouvoirs sont en effet largement fonction du volontarisme de l'exécutif pour les financer et du soutien qu'il apporte à leurs missions. En haut, Jimmy Carter à Three Mile Island en 1979.

De la même manière, tout l'appareil législatif américain de lutte contre la discrimination dans l'emploi (sur la base de l'appartenance ethnique ou sexuelle, de l'âge, des origines nationales, de la préférence sexuelle ou encore de la religion) est très largement piloté par la Commission pour l'égalité des chances dans l'emploi (Equal Employment Opportunity Commission : EEOC). Elle fixe les conditions dans lesquelles un employeur peut recevoir le label d'*Equal Opportunity Employer* – et donc bénéficier du soutien de l'État dans le cas d'un procès – mais aussi décide des priorités dans l'application de la loi et de l'opportunité d'entamer des procédures judiciaires.

Pendant la Seconde Guerre mondiale, la ségrégation raciale règne encore au sein de l'armée américaine. Devant les résistances conservatrices sudistes au Congrès, Truman contourne le législatif et impose l'intégration raciale par décret présidentiel (*Chicago Defender*, 26 juillet 1948, ci-dessous).

NATIONAL Edition

Chicago Defender

WORLD'S GREATEST WEEKLY

EXTRA — By Executive Order

PRESIDENT TRUMAN WIPES OUT SEGREGATION IN ARMED FORCES

Le président, qui nomme les directeurs de ces agences, se trouve donc dans une position de force pour donner à la loi votée par le Congrès un sens très différent selon qu'il en approuve ou non les objectifs. Cette volonté présidentielle s'exprime le plus souvent par ce que l'on appelle des « décrets présidentiels » (*executive orders*). Ces textes peuvent fixer les conditions d'application d'une loi, transmettre une directive à l'Administration ou encore fixer une règle là où il n'existe pas de loi-cadre. Ces décrets revêtent parfois une importance fondamentale si l'on pense par exemple que c'est ainsi que le président Truman lança le programme de surveillance de la loyauté des fonctionnaires pendant le maccarthysme, mais aussi ordonna la déségrégation raciale de l'armée des États-Unis en 1948. Le président Johnson lancera en 1965 les politiques de discrimination positive (*affirmative action*) par cette même procédure. C'est très souvent par

Les décrets présidentiels testent souvent les limites de la constitutionnalité. Le président se glisse dans les interstices de la loi, tente de contourner le législateur en invoquant l'urgence, ou ses pouvoirs de chef de l'Administration ou des armées. Les contentieux devant les tribunaux sont donc fréquents. Ci-dessus, rappel de l'obligation d'égalité des chances dans l'emploi, une loi pilotée par une agence gouvernementale.

La spoliation et l'internement des Américains d'origine japonaise dans des camps en Arizona et au Nouveau-Mexique en 1942 (ci-dessus) restent une des pages les plus sombres de l'usage des pouvoirs exécutifs exceptionnels en temps de guerre.

ce biais que le président des États-Unis teste la limite de ses pouvoirs face au Congrès. Aujourd'hui, si, par exemple, le président George W. Bush revendique une extension très large de ses prérogatives en tant que commandant en chef des armées pour encadrer étroitement un certain nombre de libertés civiles, c'est en partie sur la base du précédent établi par Franklin Roosevelt qui ordonna en 1942 par un décret présidentiel l'internement des Japonais qui résidaient sur la côte Ouest des États-Unis (qu'ils soient citoyens des États-Unis ou simples résidents) au motif qu'ils représentaient un danger pour la sécurité nationale. De la même manière, en 1952 le président Truman, face à la menace d'une grève dans les aciéries alors que les États-Unis étaient en guerre en Corée,

émettait un décret nationalisant ces entreprises. Dans le premier cas la Cour suprême des États-Unis donna raison au président, considérant qu'il s'agissait d'un exercice légitime de ses responsabilités de commandant en chef; dans le second, avec l'arrêt *Youngstown Sheet & Tube Co. v. Sawyer* (1952), le haut tribunal estima la procédure employée anticonstitutionnelle car il était du ressort du Congrès de procéder à ces nationalisations. Le président est donc bien plus qu'un simple exécutant de la loi; il participe en effet activement à sa rédaction, mais par des biais indirects.

**Chef de parti**

Cette fonction législative du président explique, dans un système qui sépare formellement les pouvoirs mais les oblige à collaborer au quotidien, que le chef de l'exécutif américain soit devenu, dans la pratique, le chef de son parti. Le président n'est pas responsable devant le Congrès, pas plus qu'il ne dispose du pouvoir de dissolution. De plus, il n'existe pas au Congrès des États-Unis de tradition de discipline de vote partisane. Cela signifie que le président, s'il souhaite que son programme se réalise, doit en permanence négocier avec le Congrès sans autres armes véritables que la légitimité qu'il retire du suffrage universel et son pouvoir de persuasion.

Lors des élections de mi-mandat de 2002, George W. Bush a déployé une énergie sans précédent pour s'assurer une majorité républicaine au Congrès (de gauche à droite, le président en campagne aux côtés de candidats républicains dans le Dakota-du-Sud, le Tennessee et le Kentucky). Il fut récompensé par un retour à la majorité dans les deux chambres, mais aussi par l'instauration de ce que le politologue Sidney Milkis qualifie de « nouveau régime des partis ». Cette dette du parti vis-à-vis du président explique la très bonne résistance des Républicains au Congrès, malgré la défaite des élections de 2006. Le parti, même minoritaire, est en effet discipliné et rangé derrière son leader.

Les occupants de la Maison-Blanche ont donc vite compris que le succès de leur mandat dépendrait largement de la relation de confiance qu'ils établiraient avec leur propre parti, tant il est difficile de gouverner tout à la fois contre le parti et le Congrès. Ce qui a conduit les présidents à s'engager dans les élections sénatoriales et à la Chambre des représentants pour s'assurer la fidélité future des élus, mais aussi, plus récemment, à s'impliquer dans le fonctionnement au quotidien du parti, notamment dans la gestion des finances et la désignation des candidats aux fonctions électives. George W. Bush ira même jusqu'à s'intéresser, au-delà des tactiques et stratégies électorales, à la philosophie conservatrice que devrait, selon lui, défendre le Parti républicain, notamment dans le rapport entre Église et État, sur le rôle de la fiscalité et sur l'interventionnisme à l'extérieur pour « construire la démocratie ». Alors qu'à la fin du XVIIIe siècle, le président était au-dessus des partis et surtout des factions, au début du XXIe, il est devenu, par nécessité fonctionnelle, la clé de voûte du système partisan.

Aux élections de mi-mandat de Clinton en 1994, le Parti républicain, mené par le représentant de Georgie Newt Gingrich, regagne la majorité dans les deux chambres, pour la première fois depuis 1954 (ci-dessous). Il innove en proposant un très ambitieux programme législatif, le « Contract with America ». Cette défaite majeure des Démocrates souligne les qualités limitées de Bill Clinton comme chef de parti, ses victoires de 1992 et 1996 ne renforçant pas le parti de l'âne.

**L'échec des contre-pouvoirs à la présidence**

À constater, à travers quelques exemples, la différence entre un texte constitutionnel qui décrit des pouvoirs vagues mais limités et la pratique historique du pouvoir exécutif, on comprend donc vite que la nature même du régime politique américain repose sur un fonctionnement asymétrique des contre-pouvoirs. Les constituants américains avaient voulu prévenir le retour de la tyrannie en donnant à chacun des trois pouvoirs les moyens de faire échec aux ambitions expansionnistes des deux autres, allant même, à l'intérieur du Congrès, jusqu'à opposer délibérément légitimité populaire (la Chambre des représentants) et légitimité des États (le Sénat), pour forcer la loi à être la synthèse des deux. Et chaque fois qu'ils confiaient au président un pouvoir important, nominations ou traités avec l'étranger par exemple, ils attribuaient au Sénat un pouvoir de contrôle, par le biais de l'« avis et consentement » ou encore de la nécessité de ratification des traités à la majorité qualifiée des deux tiers.

Pour la mise en accusation du président, la Constitution des États-Unis dispose que la chambre basse instruit les charges contre le président au nom du peuple, puis que le Sénat juge dans un procès présidé par le président de la Cour suprême. Pour parvenir à la destitution, il faut une majorité qualifiée des deux tiers au Sénat. En 1999, deux chefs d'inculpation avaient été retenus par la Chambre contre le président Clinton : obstruction à la justice et parjure, des charges faisant suite à l'enquête du procureur indépendant Kenneth Starr dans l'affaire Lewinsky. Clinton fut acquitté à la suite d'un vote de 50/50 au Sénat (retransmission en direct, ci-dessus ; ci-contre, presse titrant sur l'impeachment de Bill Clinton).

Enfin, ultime barrage à la tyrannie de l'exécutif, la section 4 de l'article II prévoit que « le président, le vice-président et tous les fonctionnaires civils des États-Unis pourront être destitués de leurs fonctions sur mise en accusation suivie de condamnation pour trahison, concussion ou autres crimes et délits majeurs ». Le président, qui ne pouvait ni déclarer la guerre ni peser directement sur le législatif ou encore attenter à l'indépendance des juges, était en théorie étroitement encadré dans l'exercice de son pouvoir. Mais cela supposait que Congrès et Cour suprême aient une vision des institutions qui les amènât à défendre avec vigueur leurs prérogatives face aux tentatives inévitables de l'exécutif d'accroître son périmètre. Cela sous-entendait aussi que la procédure d'empêchement (*impeachment*) s'applique dans un contexte politique et non exclusivement criminel.

Dans la réalité, l'histoire de la présidentialisation du régime américain est celle d'un échec des contre-pouvoirs à la présidence. Aujourd'hui, les seules vraies limites au pouvoir présidentiel sont un scrutin quadriennal dans lequel un chef de l'exécutif sortant remet sa légitimité en jeu devant le peuple, et le 22e amendement à la Constitution, qui l'empêche d'effectuer plus deux mandats. En effet, deux tentatives malheureuses de mise en accusation d'un président (Andrew Johnson en 1868 et Bill Clinton en 1999) ont démontré que la procédure ne pouvait servir à mettre en échec l'expansion du pouvoir exécutif. L'histoire de la présidence moderne a pour fil directeur les circonstances politiques dans lesquelles Congrès et Cour suprême ont pu ou dû, à des moments critiques de l'histoire des États-Unis, renoncer à s'opposer à l'énergie fonctionnelle de l'exécutif.

Dès l'automne 1972, la plupart des informations sur le cambriolage du siège du Parti démocrate dans l'immeuble du Watergate sont dans le domaine public. Nixon est désigné comme le donneur d'ordre. Il faudra attendre août 1974 pour qu'il présente sa démission, face à la menace imminente d'une mise en accusation et après que les commissions du Congrès et de la Cour suprême des États-Unis lui auront intimé l'ordre de livrer les bandes du bureau Ovale qui l'accusaient. Paradoxalement, même dans la crise la plus grave de l'histoire américaine depuis la guerre de Sécession, les institutions ont continué à fonctionner normalement.

REAGAN-BUSH

Le système de l'élection présidentielle américaine apparaît complexe, éclaté et générateur de distorsions. Les incidents qui ont amené la Cour suprême à décider du résultat de l'élection présidentielle de 2000, la victoire en trompe l'œil de George W. Bush en 2004, et les primaires démocrates sans précédent en 2008 confirment ce bilan pessimiste. Comment en est-on arrivé à ce stade de dégradation du droit de vote ? Pourquoi les nombreux projets de réforme semblent-ils voués à l'échec ?

**CHAPITRE 3**

# L'ÉLECTION PRÉSIDENTIELLE : UN SYSTÈME À BOUT DE SOUFFLE

Les conventions sont une survivance purement cérémonielle d'un autre âge du politique américain (à gauche, les Républicains en 1984) Très coûteuses et sans enjeu véritable, elles exacerbent le débat sur la place de l'argent dans les campagnes électorales (ci-contre, caricature de Herblock en 1971).

## Théorie et fondements

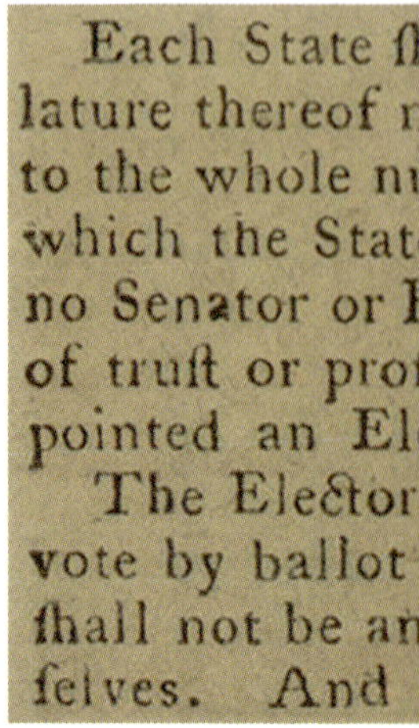
Each State fl
lature thereof r
to the whole nu
which the Stat
no Senator or I
of truft or pro
pointed an El
The Elector
vote by ballot
fhall not be an
felves. And

Comment interpréter la Constitution et le Code électoral ? Une caricature de 1876.

Alors qu'il est assez vague sur les attributions du chef de l'exécutif, le texte de la Constitution des États-Unis est long et précis lorsqu'il décrit le système d'élection du président. Les pères fondateurs voulaient à la fois préserver la souveraineté des États et encadrer à titre préventif une nouvelle institution potentiellement liberticide. Quel meilleur marqueur de la souveraineté d'un État que la maîtrise de son processus électoral ? Par ailleurs, le système du collège électoral, dans lequel un candidat à la magistrature suprême devrait aller gagner une majorité de grands électeurs dans une pluralité d'États, préservait les deux sources de légitimité de l'État fédéral : le peuple souverain et les États qui forment conjointement l'Union. Enfin, ce système mettait le vainqueur au-dessus des factions locales ou des intérêts particuliers de tel ou tel groupe. Trois objectifs majeurs étaient donc atteints : le président jouissait d'une légitimité populaire indirecte qui limitait de fait son pouvoir ; l'essence fédéraliste du système était inscrite dans le mode d'élection ; le système contrecarrait l'ambition des factions de dominer l'exécutif.

## Les élections primaires : une initiative des Démocrates

Pour prétendre à la magistrature suprême – et il en va de même pour la vice-présidence –, il faut être âgé de trente-cinq ans au moins et être né citoyen des

THE ELECTORAL VOTE.
Now let us look at it from another point of view

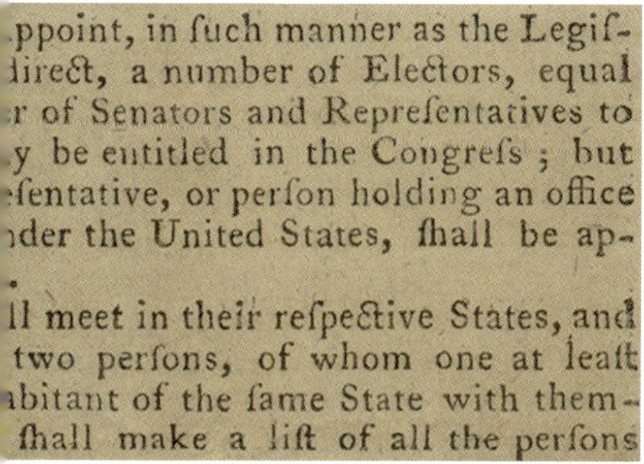
ppoint, in ſuch manner as the Legiſ-
direct, a number of Electors, equal
r of Senators and Repreſentatives to
y be entitled in the Congreſs ; but
ſentative, or perſon holding an office
der the United States, ſhall be ap-

ll meet in their reſpective States, and
two perſons, of whom one at leaſt
bitant of the ſame State with them-
ſhall make a liſt of all the perſons

Les règles régissant le scrutin (ci-contre, dans la Constitution) sont complexes, contradictoires et souvent inintelligibles dans l'enchevêtrement des responsabilités entre les niveaux fédéral et fédéré.

Le gouverneur de Californie Arnold Schwarzenegger, né en Autriche (ci-dessous), Jennifer Gronholm, populaire gouverneur du Michigan née au Canada, Henry Kissinger en son temps, ne pourraient se présenter à la présidence. Ils ne sont pas nés citoyens des États-Unis. Et même le candidat John Mc Cain, né sur une base militaire américaine au Panamá, a dû prouver qu'il était éligible.

États-Unis. Jusqu'à une époque récente, le candidat des partis politiques était désigné, lors d'une convention, par des délégués, choisis eux-mêmes par les instances dirigeantes des partis dans chaque État.

Actuellement, avant de voter le premier mardi de novembre, les Américains ont une première occasion de se rendre aux urnes pour désigner le candidat de chacun des deux grands partis. Ces élections primaires sont apparues au début du XX<sup>e</sup> siècle. D'inspiration progressiste pour démocratiser la désignation du candidat de chaque parti et l'arracher au monopole des caciques et des hommes d'appareil, elles sont de peu d'influence tant que leur nombre reste faible.

Puis vint le tournant de 1968, lorsque le Parti démocrate, dont la base était mobilisée contre la guerre du Viêtnam, finit par désigner Hubert Humphrey, le vice-président de Lyndon Johnson et donc l'héritier de celui qui avait envoyé 500 000 GI au Viêtnam au nom de la lutte contre l'expansion communiste. Les violents affrontements à la convention de Chicago à la fin août 1968 entre police et manifestants témoignaient de la césure entre une base démocrate au sein de laquelle femmes, jeunes et minorités ethniques tenaient désormais une place importante et des dirigeants issus d'une culture politique peu participative, centralisatrice, parfois raciste et souvent autoritaire.

Tirant les conclusions de la défaite de Humphrey face à Nixon, le Parti démocrate réorganisa son système de désignation. Cela passa d'abord par la multiplication des primaires : dès 1972, elles concernent 22 États, et plus des deux tiers des délégués à la convention sont désormais élus plutôt que désignés par le parti. De plus, on limita au maximum le vote bloqué des délégations, qui réduisait les minorités au silence et favorisait les candidats de l'establishment. Enfin, on privilégia les primaires pratiquant le vote à bulletin secret par rapport aux « caucus », ces réunions publiques permettant aux cadres du parti de contrôler et d'influencer le vote des militants (qui existent encore dans 5 États). Ce système mena, en 1972, à la désignation de George McGovern, un candidat très à la gauche du parti, qui subit une défaite humiliante face à Richard Nixon. En 1976, le choix se porta sur Jimmy Carter qui fut élu, mais avec le lourd handicap d'être totalement coupé des Démocrate du Congrès.

Deux types de correctifs furent alors introduits pour recentrer idéologiquement un parti dont la base s'était déplacée vers la gauche et pour redonner à ses dirigeants une certaine maîtrise sur le processus de désignation du candidat à la présidentielle. Le Parti démocrate créa, en 1984, les « superdélégués », des cadres du parti et surtout des élus dans les États (gouverneurs, élus des assemblées législatives...),

Jusqu'en 1968, il était possible d'emporter l'investiture démocrate ou républicaine sans concourir dans les primaires, que seuls une douzaine d'États organisaient. Celles-ci étaient, pour des candidats mineurs, un moyen de se faire connaître du grand public et de tester leurs thèmes de campagne. Ci-dessus, ticket pour la convention démocrate de 1936 qui a désigné Franklin Roosevelt comme candidat. En haut, supporters de John Kennedy à la convention démocrate de 1960.

qui étaient libres de se déterminer pour le candidat de leur choix : ainsi l'expérience du candidat et sa capacité à travailler avec les élus du Congrès seraient mieux prises en compte. De plus le parti regroupa tôt dans le calendrier le vote de plusieurs États du Sud, plus conservateurs, pour leur donner plus d'influence.

La convention démocrate de 1968 à Chicago, avec ses affrontements, est à l'origine de l'actuel système des primaires (ci-dessous).

**Les primaires aujourd'hui**

Les primaires telles qu'elles ont fonctionné en 2008 sont le résultat de ces évolutions. En effet, les Républicains ont emboîté le pas aux Démocrates dans la réforme, avec une seule vraie différence : là où le parti de l'âne (le Parti démocrate) privilégie une proportionnelle intégrale dans l'allocation des délégués sur la base du vote populaire (avec un seuil plancher de 15 % le plus souvent, et aussi,

CNN
CNN
CNN
CNN
CNN
CNN
CNN

Les élections primaires de 2008 ont été en tout point extraordinaires. Pour la première fois depuis 1928, aucun des deux partis n'avait de candidat naturel (le vice-président Dick Cheney avait annoncé qu'il ne se présenterait pas). Côté démocrate, la présence de deux candidats de très grande valeur mobilisant des segments complémentaires de l'électorat (femmes et ouvriers syndiqués blancs pour Hillary Clinton, minorités ethniques, classes aisées et jeunes pour Barack Obama) a prolongé le combat jusqu'au début de juin. Six mois de votes là où six semaines avaient suffi par le passé. Hillary Clinton et Barack Obama ont levé et dépensé environ 500 millions de dollars et fait venir aux urnes plus de 36 millions d'électeurs, un record (ci-contre, débat télévisé entre les deux candidats en novembre 2007). Quant à John McCain, il a largement bénéficié des règles républicaines de désignation des délégués qui donnent la totalité des délégués en jeu dans un État au candidat arrivé en tête, mais aussi de la faiblesse de ses adversaires, qui ne sont pas parvenus à mobiliser au-delà de segments très spécifiques de l'électorat conservateur.

à l'intérieur des États, une pondération favorable aux circonscriptions les plus fidèles aux Démocrates par l'attribution de délégués supplémentaires), le parti de l'éléphant (le Parti républicain) choisit, lui, de préserver, dans la majorité des États, le « *winner-take-all* », ce système qui accorde la totalité des délégués (ou des grands électeurs) au candidat arrivé en tête. Dans ce parti à la culture hiérarchique plus développée, il a été ainsi facile de dégager plus rapidement un candidat.

Au total, si le système des primaires paraît totalement anarchique, il n'en reste pas moins fonctionnel et surtout souple. Les partis politiques, qui en sont les chefs d'orchestre, corrigent régulièrement ses défauts et si Démocrates ou Républicains ont pu, à l'occasion, présenter un candidat sans relief, c'est plus à la faiblesse générale des candidatures qu'au système qu'il faut en imputer la faute. Les primaires servent déjà d'instrument de promotion des candidats, des États, du parti, et même d'école de la République où les citoyens viennent s'instruire sur les grandes questions du moment. Si ce processus élimine aussi les candidats non viables pour l'élection générale et qu'il mobilise l'électorat du parti, on doit reconnaître qu'il fonctionne assez bien. Par ailleurs, face à la mort programmée des partis politiques américains, les primaires sont sans conteste la démonstration de la force rémanente d'organisation du politique que possèdent les deux grands partis démocrate et républicain.

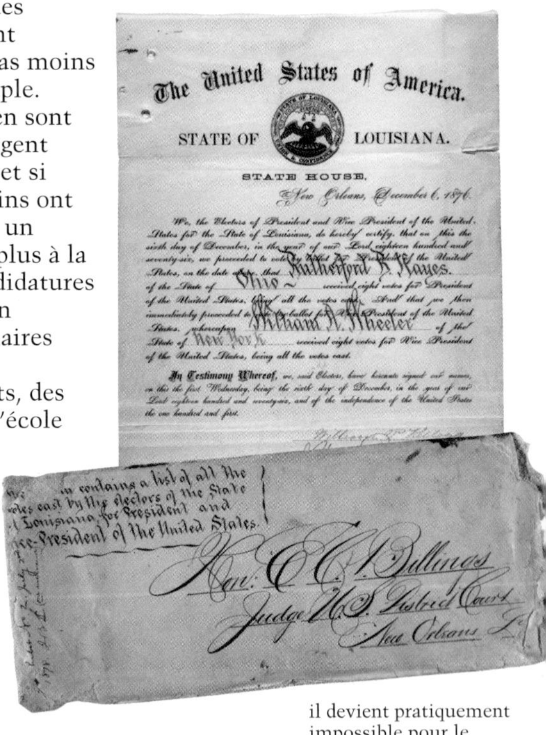
The United States of America.

STATE OF LOUISIANA.

STATE HOUSE.

New Orleans, December 6, 1876.

We, the Electors of President and Vice President of the United States for the State of Louisiana, do hereby certify, that on this the sixth day of December, in the year of our Lord eighteen hundred and seventy-six, we proceeded to vote by ballot for President of the United States, on the date above, that Rutherford B. Hayes of the State of Ohio received eight votes for President of the United States, being all the votes cast. And that we then immediately proceeded to vote by ballot for Vice President of the United States, whereupon William A. Wheeler of the State of New York received eight votes for Vice President of the United States, being all the votes cast.

In Testimony Whereof, we, said Electors, have hereunto signed our names, on this the first Wednesday, being the sixth day of December, in the year of our Lord eighteen hundred and seventy-six, and of the independence of the United States the one hundred and first.

... contains a list of all the votes cast by the electors of the State of Louisiana for President and Vice-President of the United States.

Hon. E. C. Billings
Judge U.S. District Court
New Orleans La

Pour éviter l'arbitraire partisan, l'*Electoral Count Act* de 1887 a précisé les conditions de certification des listes par les États et de leurs réception et examen par le Congrès des États-Unis. Si les listes sont certifiées dans un délai de six jours avant la réunion des grands électeurs, il devient pratiquement impossible pour le Congrès de remettre en question le vote de l'État (ci-dessus, liste certifiée envoyée par les grands électeurs de Louisiane, lors de l'élection de 1876).

Au Capitole de Denver, les neuf grands électeurs de l'État du Colorado signent leurs listes en faveur de George W. Bush et Dick Cheney le 13 décembre 2004, soit cinq semaines après le vote populaire. Il s'agit d'une étape purement cérémonielle du scrutin présidentiel puisque, sauf problème dans le dépouillement des voix dans un État clé (la Floride en 2000 par exemple), on connaît dès le soir du premier mardi de novembre le nom du futur président. Les grands électeurs sont généralement des militants et des cadres des partis que l'on récompense de leur investissement dans la campagne par ce très bref moment de célébrité.

**Texte et pratique de l'élection à la présidence**

Le premier mardi de novembre après le 1er (entre le 2 et le 8 novembre), chaque État désigne, de la manière déterminée par son assemblée législative, un nombre de grands électeurs égal au total du nombre de ses sénateurs (forcément 2) et de ses représentants à la Chambre des représentants des États-Unis (chiffre défini en fonction de la population de l'État et qui varie de 1 à 53).

Puis les grands électeurs élus se réunissent dans leurs États afin d'établir des listes distinctes pour les fonctions de président et de vice-président. Ces listes, une fois certifiées par les États, sont transmises au président du Sénat à Washington.

Ce dernier compte alors les voix obtenues par les candidats, et devient président des États-Unis celui qui a obtenu le plus grand nombre de suffrages, à condition d'atteindre au minimum la moitié du nombre total des grands électeurs. Dans le cas où aucun candidat n'obtiendrait la majorité, ce sont la Chambre de représentants et le Sénat qui désignent respectivement le président et le vice-président.

### Une élection locale à l'échelle nationale

Ce sont les assemblées législatives des États qui fixent les conditions de désignation des grands électeurs. Rapidement, dans l'histoire politique, les États ont adopté le suffrage universel, mais ils peuvent à tout moment choisir un autre moyen, par exemple un vote de l'assemblée législative elle-même, comme la Floride menaça de le faire en 2000.

Les États spécifient aussi les modalités pratiques du vote, depuis l'inscription des électeurs sur les listes électorales jusqu'au dépouillement et aux procédures de certification et de contestation des résultats, en passant évidemment par le choix du matériel utilisé pour le scrutin, les heures d'ouverture des bureaux de vote et surtout le mode de répartition des grands électeurs en fonction des suffrages populaires (à la proportionnelle ou groupés). Les conditions sont donc réunies pour créer d'importantes inégalités dans l'exercice du droit de vote des citoyens pour l'élection présidentielle.

En l'absence de l'obligation pour tous de posséder une carte d'identité, chaque État est habilité à décider quel type de pièce d'identité les électeurs doivent présenter pour voter : carte d'identité, de bibliothèque, permis de conduire, justificatifs de loyer, d'électricité... Ainsi, l'État de l'Indiana exige la présentation d'une pièce d'identité officielle avec photo, délivrée par l'Indiana ou l'État fédéral. En 2008, la Cour suprême des États-Unis a confirmé la constitutionnalité de cette loi qui fera sûrement jurisprudence et menace les pauvres, les minorités ethniques et les personnes âgées, un électorat plus acquis au Parti démocrate.

Ci-dessus, en Alabama, des électeurs noirs attendant pour voter.

## Le maquis électoral du fédéralisme

À partir de 1828, les États ayant élargi le suffrage à tous les hommes blancs, on vote sans condition de propriété. En 1870, le 15e amendement étend le droit de vote à tous les anciens esclaves. En 1920, avec le 19e amendement, les femmes accèdent au suffrage. En 1971, le 26e amendement (ci-dessus, sa signature par le président Nixon) abaisse l'âge du droit de vote de 21 ans à 18 ans. Mais, il n'y a pas aujourd'hui de garantie constitutionnelle pour que tous les citoyens des États-Unis puissent participer à l'élection présidentielle. Plusieurs propositions d'amendement ont été présentées en ce sens. Page de gauche, en bas, manifestation pour la réinscription automatique sur les listes électorales des citoyens ayant été privés du droit de vote et ayant purgé leur peine.

La loi des États-Unis fixe à 18 ans l'âge qui permet de participer à une élection. Au-delà, les États sont libres d'exclure du droit de vote les citoyens qui auraient été l'objet d'une condamnation pénale, et ce pour des périodes de durée variable. Environ cinq millions d'Américains sont ainsi privés de leur droit de vote en raison d'une inscription à leur casier judiciaire. La nature et la gravité des crimes et délits menant à ces exclusions varient d'un État à l'autre, mais elles sont plus systématiques dans le Sud. Elles frappent aussi de manière très sélective la population noire américaine, en particulier les hommes jeunes du groupe.

Malgré le travail actif de lobbying de nombreuses organisations de défense des droits civiques, les tribunaux fédéraux des États-Unis n'ont jamais accepté l'idée d'une uniformisation des pratiques à l'échelle nationale ou encore la thèse selon laquelle il s'agit là d'une violation d'un droit fondamental de la personne garanti par la Constitution américaine. Si l'on ajoute que les habitants de certains territoires plus récemment intégrés dans l'Union (Guam, Porto Rico, îles Samoa, îles Vierges) ne votent pas pour le scrutin présidentiel (ni pour le scrutin législatif), on comprend que le droit de vote à l'élection présidentielle des citoyens des États-Unis ne culmine pas dans la hiérarchie des droits. En rendant plus ou moins difficile l'inscription sur les listes électorales, les États peuvent orienter le résultat du vote, et ce malgré l'adoption en 1993 par le Congrès du *National Voter Registration Act* qui simplifiait et homogénéisait les procédures d'inscription en les liant au renouvellement périodique du permis de conduire exigé par les États (*Motor Voter Act*).

Ces rangées bien ordonnées de machines à voter cachent mal la réalité des scrutins américains : disparité du matériel, complexité des opérations à effectuer, vote en semaine (un mardi)... Une participation de 60 % environ, selon les normes françaises, est donc plutôt un signe encourageant quant à la vitalité de la démocratie américaine.

De nombreuses autres étapes varient d'un État à l'autre : vote électronique, par procuration, par voie postale, anticipé, à titre conditionnel... Un maquis où il est courant que, pour chaque État, la validité de plusieurs milliers de voix soit mise en doute.

**Disparités technologiques**

Une fois admis à participer au scrutin, les Américains peuvent théoriquement faire face à cinq types de technologie. Très rarement, et dans des comtés ruraux et peu peuplés, on vote encore avec des bulletins papier (moins de 1 % des électeurs). Moins de 15 % des électeurs américains utilisent des machines à levier, dont la technologie remonte aux années 1890 et qui ont la particularité de ne pas délivrer de preuve de vote : les recomptages sont donc limités à la vérification du bon fonctionnement de la machine. 13 % environ se servent d'un système de cartes perforées ou marquées avec lecture mécanique ou optique des bulletins de vote. Un gros tiers a recours à des cartes à lecture optique marquées par des feutres ou des crayons spéciaux. Un autre tiers utilise des machines à écran tactile ou d'autres formes de vote électronique sur ordinateur. Le reste dispose de systèmes mixtes.

Le fiasco de 2000 a précipité l'abandon des technologies les plus datées et les moins performantes et la part des cartes perforées et des

En 2000, moins de 500 voix séparaient Al Gore de George W. Bush en Floride, dont les grands électeurs allaient faire pencher la balance. Procédures judiciaires au fédéral et au fédéré, recomptages dans trois comtés (à droite). La Cour suprême des États-Unis, au nom de la clause d'« égale protection des lois » du 14e amendement, mit fin aux recomptages et déclara de fait le candidat républicain vainqueur.

machines à levier est en baisse constante et forte. Se pose désormais le problème de l'adoption du vote électronique, qui très souvent ne permet pas non plus de garder trace du vote émis. Dans l'hypothèse donc d'un mauvais fonctionnement des machines ou d'une fraude avérée sur les programmes informatiques de traitement des données, il n'existe pas de possibilité de recomptage manuel des bulletins. Par ailleurs, le financement de l'acquisition de nouvelles machines à voter étant à la charge conjointe des États et des comtés, ce sont souvent les plus

Les fameux bulletins perforés ont défrayé la chronique en 2000 en Floride tant ils étaient difficiles à utiliser, en particulier par des personnes âgées, mais aussi à décrypter (ci-dessous).

pauvres qui utilisent encore des technologies obsolètes présentant les plus forts taux d'erreur (on estime que ces taux vont de 1 pour mille à 1 pour 10, notamment pour les machines à levier et les cartes perforées).

Même si le *Help America Vote Act* de 2002 a permis une certaine uniformisation des pratiques à l'échelle nationale, notamment dans la tenue de registres d'électeurs dans chaque État mais aussi dans la protection de l'accès au vote, on reste, en l'absence d'une majorité à la Cour suprême des États-Unis favorable à une application énergique de la « clause d'égale protection des lois » du 14e amendement au droit de vote, dans une pratique électorale fortement inégalitaire et marquée par l'appartenance socio-économique des individus. Le président des États-Unis ne peut donc se présenter comme le président de tous les Américains et le principe posé dans les années 1960 par la Cour suprême présidée par Earl Warren, « une personne, une voix » – « *one person, one vote* » –, reste très largement virtuel. La lettre de la loi est bien en retrait des pratiques.

### Le système du *winner-take-all* en question

Avec ce système dans lequel le candidat arrivé en tête dans un État (même à la majorité relative) emporte la totalité des grands électeurs alloués à l'État, l'élection, a priori nationale, se joue aujourd'hui dans un nombre limité d'États clés, les fameux *swing states* (Floride en 2000, Ohio en 2004). Si, dans les États peu peuplés, le *winner-take-all* n'a que peu de conséquences sur la représentation des citoyens, dans les grands États comme la Californie, le Texas ou celui de New York, il peut sembler étrange que des millions de suffrages en faveur d'un candidat arrivé en deuxième position ne se traduisent par aucune voix dans le collège électoral.

Les effets induits sont connus : dans un État qui penche fortement côté démocrate ou républicain, les électeurs du parti minoritaire ne se mobilisent que peu car, au moins pour l'élection présidentielle, ils savent que leur voix ne comptera pas. Puisque les Américains votent le même jour pour des dizaines d'élections différentes à tous les échelons, de l'État aux États-Unis (fédéral, État, comtés et municipalités pour des postes exécutifs, législatifs et judiciaires ainsi que pour des référendums

Les associations américaines profitent du débat démocratique pour exprimer leurs revendications et offrir leur réseau de mobilisation (ci-dessus, défense des droits des homosexuels).

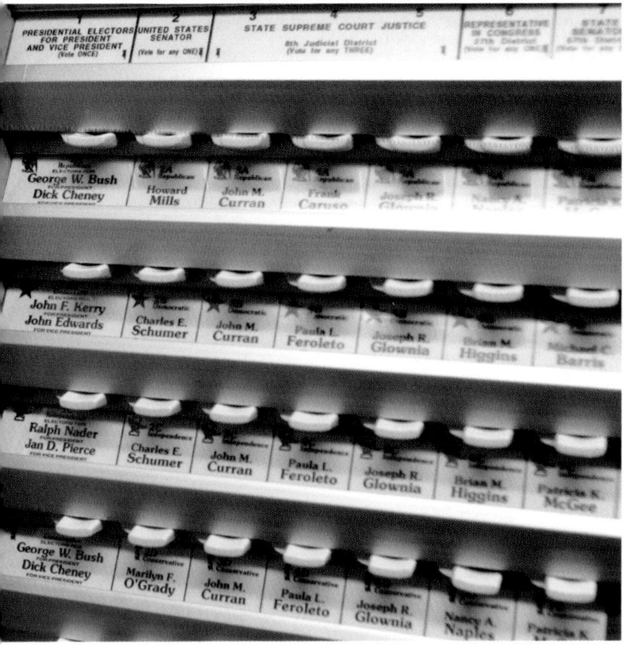


Sur cette machine à voter de l'État de New York pour l'élection de 2004, on voit que les choix des électeurs vont bien au-delà du binôme républicain/démocrate. Presque tous les Etats américains ont une tradition partisane très diversifiée, avec parfois un tiers parti très structuré issu du mouvement progressiste au début du XX<sup>e</sup> siècle, comme dans le Minnesota ou le Wisconsin. Nombreux aussi sont les candidats qui se présentent sans étiquette aux élections locales. Ce pluralisme dynamique souffre de l'effet simplificateur de l'élection présidentielle qui tend parfois à décourager les électeurs de se rendre aux urnes.

d'initiative populaire), il s'ensuit des dérives importantes. Tout d'abord, cette démobilisation d'un électorat indifférent ou résigné sur l'issue de l'élection présidentielle, qui éloigne les Américains des scrutins locaux, tend à délégitimer les institutions locales. Et pour attirer ces électeurs, les initiatives référendaires sur des questions polémiques, accrocheuses (mariage homosexuel, droits des immigrés illégaux, discrimination positive ou fiscalité locale) se multiplient. On assiste aussi à un renforcement de la polarisation partisane induite par des comportements qui se figent et s'autoreproduisent : en effet, un parti politique en situation de quasi-monopole a souvent tendance à désigner des élus plus à droite côté républicain, plus à gauche côté démocrate.

Pour autant il est très peu probable que ce système soit abandonné. Il faut rappeler qu'il est de la compétence exclusive des États : seuls deux

Le débat s'amplifie dès lors que, d'une élection présidentielle à l'autre, ce sont les mêmes États qui jouent le rôle de juge de paix. Pourtant, la campagne de 2008, qui a vu John McCain investir des États traditionnellement acquis aux Démocrates et Barack Obama contester le quasi monopole républicain dans le Sud, montre combien la géographie électorale reste fluide. Seul un candidat qui fera gagner son parti lors des élections législatives gouvernera efficacement.

d'entre eux, le Maine et le Nebraska, ont choisi un système mixte qui combine majorité à l'échelle de l'État et majorité dans chacune des circonscriptions à la Chambre des représentants). De plus, la critique du *winner-take-all* est souvent un jugement à court terme, sans fondement historique. En effet, sur des cycles longs de quarante ans, ce ne sont pas les mêmes États qui font systématiquement la différence et rares sont les États très peuplés n'ayant pas changé au moins une fois de camp. Cette géographie électorale évolutive, qui montre aussi un quasi-équilibre aujourd'hui entre les deux grands partis, rend les propositions de passage à l'allocation proportionnelle des grands électeurs, toujours d'initiative locale, très suspectes, puisqu'elles émanent invariablement du parti minoritaire. Ainsi les Démocrates, confrontés à des initiatives républicaines de répartition proportionnelle des 55 grands électeurs de Californie, répondent-ils en menaçant de recourir à la même procédure pour les 34 grands électeurs du Texas.

Cette carte où les États sont représentés en fonction du nombre de leurs grands électeurs (et donc de leur population) montre la réalité du paysage électoral par rapport au découpage officiel. S'appuyant sur les résultats des élections de 2004, elle permet de visualiser les écarts entre États et l'importance cruciale à l'emporter dans certains d'entre eux.

Dans les années 1950-1960, le pays bascule assez régulièrement d'un camp à l'autre (sauf le Sud, qui reste démocrate). Ce n'est donc que sur des cycles courts qu'on peut parler de stabilité du collège électoral (en novembre 1956, Eisenhower fête sa réélection ; ci-dessus).

Par ailleurs, les États sont en concurrence les uns avec les autres pour faire venir les candidats pendant la campagne et s'assurer que les demandes spécifiques de leurs habitants seront prises en compte. Or, le temps des candidats (qui voyagent généralement d'est en ouest pour profiter pleinement des trois fuseaux horaires du territoire américain) ainsi que leur budget sont limités. Il faut donc que la récompense, c'est-à-dire le nombre de grands électeurs gagnés par rapport à l'adversaire, soit à la hauteur de l'investissement. Et la représentation proportionnelle, si elle ne comporte pas de prime au vainqueur, tend parfois

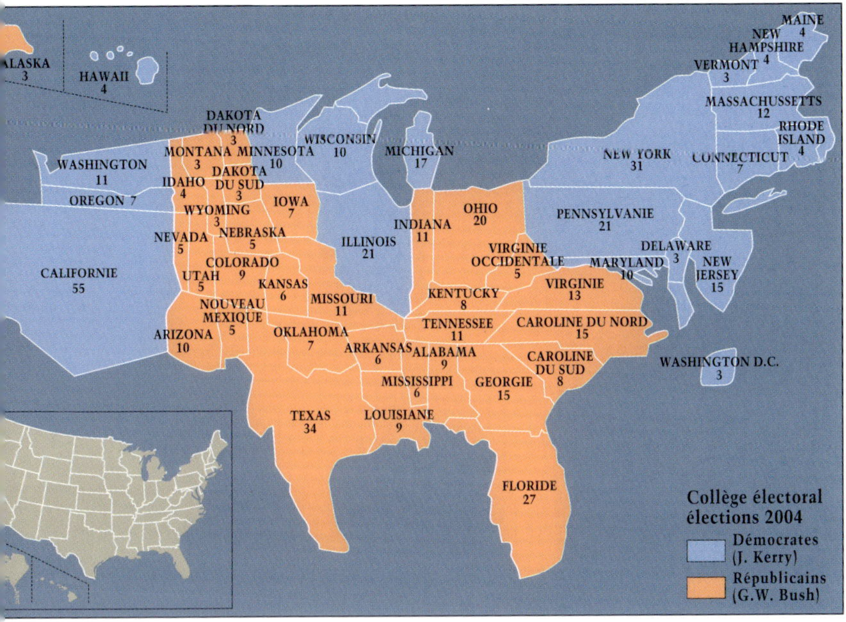


à réduire à l'extrême cet écart. Hypothèse d'école : si la Californie adoptait un tel système et qu'on parvienne par exemple à une répartition de 30 grands électeurs pour le vainqueur et 25 pour le second, il deviendrait plus intéressant pour un candidat de l'emporter dans un État qui attribue 10 grands électeurs selon le *winner-take-all* plutôt qu'en Californie.

Le seul scénario d'abandon de l'actuel système électoral est donc à trouver dans la décision collective de tous les États de passer simultanément à la proportionnelle. Mais il n'existe pas aujourd'hui de forum national dans lequel les États puissent se rassembler pour prendre une telle initiative. Sachant que le système leur est favorable, on voit mal pourquoi les petits États y renonceraient pour favoriser les grands. En la matière, le sentiment des électeurs est clair : en 2004, près des deux tiers des électeurs du Colorado ont rejeté le projet de représentation proportionnelle.

À partir des chiffres estimés de population en 2006, on parvient à ces taux de représentation dans le collège électoral pour les États les plus peuplés : Californie : 1 grand électeur pour 0,663 Mh ; New York : 1 / 0,622 Mh ; Texas : 1 / 0,691 Mh ; pour les États les moins peuplés : Montana : 1 / 0,314 Mh ; Dakota-du-Nord : 1 / 0,212 Mh ; Dakota-du-Sud : 1 / 0,260 Mh ; Wyoming : 1 / 0,171 Mh. L'écart le plus fort entre le Texas et le Wyoming est de 1 à 4 ; celui entre la Californie et le Montana de 1 à 2.

L'élection présidentielle de 2004 (ci-dessus : Bush, à gauche, contre Kerry, à droite) a coûté environ 1,6 milliard de dollars. Depuis une vingtaine d'années, les agglomérations de New York, Los Angeles, Boston, Dallas, Atlanta ou Houston sont acquises au Parti démocrate pour les trois premières, et au Parti républicain pour les trois dernières. Aucun des deux candidats n'a donc eu à investir dans les budgets d'achat d'espaces dans les médias et marchés publicitaires de ces États qui sont aussi les plus onéreux. Ils ont réalisé ainsi de considérables économies.

**La spirale des dépenses**

L'argument financier plaide pour le maintien du *winner-take-all* comme pour celui du collège électoral car, malgré les différentes tentatives de réforme et de plafonnement des dépenses, les campagnes électorales américaines sont devenues extraordinairement onéreuses, en partie en raison de la très faible part du financement public, mais surtout de l'absence d'espace d'expression gratuit dans les médias.

La loi sur le financement des campagnes a évolué constamment depuis le début des années 1970. Le 1er amendement, qui protège la liberté d'expression, interdit, en l'absence de financement public, de plafonner les dépenses d'un candidat au simple motif que « l'argent, c'est de l'expression » (« *money is speech* »), ainsi que l'a rappelé l'arrêt *Buckley vs Valeo* en 1976. Le 1er amendement protège aussi le droit de groupes extérieurs à s'exprimer pendant les campagnes électorales, rendant quasi impossible la limitation des dépenses tant qu'elles ne sont pas directement coordonnées avec la campagne d'un

candidat. Et en 2007, la Cour suprême des États-Unis, dans l'arrêt *Federal Election Commission vs Wisconsin Right To Life*, a fait valoir que le législateur, en limitant la diffusion de certains spots publicitaires à l'approche des élections, avait attenté à la liberté d'expression.

La FEC (au centre) est un gendarme du système électoral qui peine à contrer la grande inventivité des juristes américains dans le contournement des lois visant à plafonner les dépenses de campagne. En 2004, discrédité par des publicités financées par des organisations parallèles qui mettent en doute son héroïsme durant la guerre du Viêtnam, John Kerry contre- attaque à la télévision (ci-dessus).

La proposition d'abandonner le collège électoral pour passer à une élection nationale contraindrait les candidats à des achats d'espaces dans les médias de tous les grands centres de population jusqu'ici dévolus à l'un ou l'autre parti et induirait une augmentation considérable du coût des campagnes. Comme toutes les lois votées par le Congrès des États-Unis (depuis le premier grand texte de 1971, le *Federal Election Campaign Act*, jusqu'au *Bipartisan Campaign Reform Act* de 2002) ont échoué à limiter l'afflux d'argent dans les campagnes, il serait surprenant que les États et l'État fédéral, en renonçant au *winner-take-all* ou au collège électoral, encouragent le passage à une étape supplémentaire dans la spirale des dépenses.

### Le collège électoral : vestige ou rempart ?

Dinosaure politique, le collège électoral ne survit que par l'absence de solution de rechange et l'attachement à l'essence fédérale du système politique américain qu'il incarne.

Sans équivalent dans les grandes démocraties occidentales, le collège des grands électeurs est la partie visible la plus contestée et la plus obsolète du système de l'élection présidentielle américaine. Il a mal fonctionné en 2000 et 2004 et il assure une surreprésentation des petits États : si faible sa population soit-elle, un État aura au minimum l'équivalent de 2 sénateurs et d'un représentant. Pourtant, si la distorsion de la représentation est patente, elle est nettement moindre qu'au Sénat où tous les États sont également représentés par deux sénateurs, quelle que soit leur population. Et, même si quelques critiques se font entendre à l'occasion, rares sont ceux qui font de la réforme une priorité. Car cette représentation égalitaire des États est une marque naturelle de la dimension fédérale du système américain, et les sénateurs contribuent efficacement à la défense de la souveraineté des États.

En revanche, le président est souvent considéré comme « le fossoyeur du fédéralisme » (selon l'expression de Marie-France Toinet) pour sa propension à concentrer le pouvoir à l'échelon fédéral afin d'accroître l'efficacité de sa fonction. Pourquoi la seule figure nationale de la vie politique américaine devrait-elle continuer à porter les stigmates du fédéralisme alors qu'elle contient en elle la contestation et l'affaiblissement de ce système ?

Il faut aussi rappeler que la procédure d'amendement de la Constitution des États-Unis est particulièrement lourde et longue.

On voit mal deux tiers des sénateurs (dont une très large majorité élue dans des États surreprésentés dans le collège électoral), puis trois quarts des États voter en faveur d'une réforme du collège électoral.

Par ailleurs, les Américains votent tous les quatre ans et les campagnes présidentielles s'ouvrent désormais au lendemain des élections de mi-mandat qui les précèdent. On sait combien il est difficile, et c'est une bonne chose, de changer les règles du jeu à l'approche du scrutin. Un tel débat ne pourrait donc intervenir que dans la première année de mandat d'un président nouvellement élu. Une hypothèse irréaliste : en effet, cette période, en particulier depuis 1933 et les fameux cent premiers jours de Franklin Roosevelt, est devenue le cœur de tous les mandats présidentiels et la fenêtre de tir prioritaire en termes de grandes réformes.

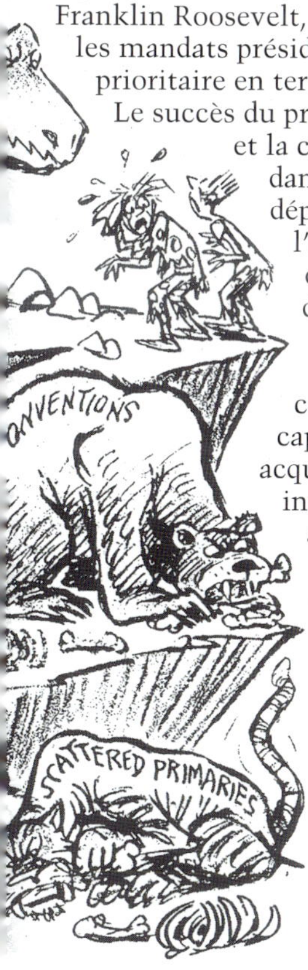


Le succès du premier mandat présidentiel et la capacité à en solliciter un second dans de bonnes conditions dépendent très largement de l'adoption par le Congrès de deux ou trois points majeurs du programme législatif du président avant l'été qui suit son investiture. Pourquoi ce dernier dépenserait-il un capital politique chèrement acquis dans une réforme institutionnelle qui n'a aucune chance de lui profiter et qui phagocyterait le temps de débat du Congrès, l'énergie de la Maison-Blanche et l'attention de la presse, relais indispensable du réformisme présidentiel, à un moment crucial qui détermine en totalité le futur de son ou de ses mandats ?

Le gagnant dans les suffrages populaires n'est pas sûr de devenir président : telle est la critique du système la plus souvent émise, en particulier après l'élection de 2000 (ci-dessous). En effet, malgré ses 500 000 voix d'avance à l'échelle nationale, Al Gore perd l'élection, car il est minoritaire dans le collège électoral. C'est l'unique résultat de ce type au XXe siècle. D'un point de vue constitutionnel ou politique, il n'y a rien de scandaleux dans la victoire de Bush, qui a gagné selon les règles en vigueur, sur lesquelles tous les candidats ont appuyé leur stratégie.

### L'absence d'alternatives fonctionnelles

Pour abolir le collège électoral, encore faudrait-il qu'il existât des solutions de rechange efficaces et sans effets secondaires nocifs. L'élection nationale directe au suffrage universel pose trois problèmes majeurs : son coût, la disparition de la dimension fédérale du système américain et enfin le risque de donner une légitimité et donc un rôle accru au pouvoir exécutif (ce qu'a montré la présidentialisation du régime politique français après l'adoption en 1962 de l'élection du président de la République au suffrage universel direct). Or le débat actuel sur l'équilibre des pouvoirs aux États-Unis fait apparaître la nécessité impérieuse de renforcer ou de réactiver les contre-pouvoirs qui contrebalancent l'exécutif, plutôt que celle d'accroître encore un pouvoir que beaucoup décrivent déjà comme impérial.

Autre hypothèse : faire élire le président par un collège de grands électeurs désignés dans les 435 circonscriptions à la Chambre des représentants et dans le district de Columbia, auxquels s'ajouteraient 102 grands électeurs attribués au vainqueur à l'échelle nationale en nombre de suffrages. Un système qui aurait l'avantage de garantir, ou presque, à celui qui obtiendrait le plus de suffrages populaires de l'emporter dans le collège électoral, tout en préservant le fédéralisme et la réalité locale (chaque circonscription élisant son grand électeur). Cependant, cette bonne idée achoppe sur un des grands problèmes

Point d'affrontement de deux logiques opposées : d'un côté, les élections sont le lieu d'expression par excellence de la démocratie directe souhaitée par les pères fondateurs ; de l'autre, la complexité et l'archaïsme du système engendrent un très fort contentieux électoral. Si l'on manifeste contre l'intervention des tribunaux (ci-dessus), c'est que les États n'ont pas mis en place un système non partisan, avec des scrutateurs neutres et bien formés (ci-dessous, bénévoles à Milwaukee).

de la représentativité des élus à la chambre basse, à savoir le processus de découpage des circonscriptions, ou *Gerrymandering*, entièrement aux mains des assemblées législatives des États et donc hautement manipulable et partisan. Pour protéger le parti majoritaire dans leur État, ou conserver des sièges aux élus anciens et puissants, ces assemblées pratiquent un véritable « charcutage » sur des bases essentiellement ethniques, entraînant une discrimination raciale dans l'exercice du droit de vote. On ne peut adosser l'élection présidentielle à la partie la plus faible et critiquable de l'édifice.

Le système américain de désignation du chef de l'exécutif est sans aucun doute perclus de problèmes et générateur d'inégalités. Mais il est le résultat d'un empilage historique de pratiques disparates favorisé par le fédéralisme qui le rend quasi impossible à réformer. S'il faut instaurer une hiérarchie réaliste de la réforme, c'est d'abord l'amélioration des modalités pratiques du vote qui doit être privilégiée. En termes simples, peut-être vaut-il mieux travailler à ce que les voix dans un État déterminant aient été exprimées sans aucune forme de discrimination dans l'accès au suffrage et comptabilisées avec la marge d'erreur la plus faible possible, que d'espérer que le fédéralisme disparaîtra un jour d'un pays qui porte dans son nom d'États-Unis la marque même de l'union d'États souverains.

Dans ses arrêts récents sur le découpage électoral et la représentation, la Cour suprême a indiqué clairement qu'elle ne plaçait pas le droit de vote au sommet de sa hiérarchie des droits.

Elle ne pourrait redonner corps et forme au principe « une personne, une voix », édicté par la Cour Warren au début des années 1960, que si une nouvelle majorité progressiste se dessinait en son sein. C'est un des enjeux des prochaines nominations.

Naturellement, le chef de l'exécutif américain cherche à accroître son champ d'action en contournant ou en réduisant les contre-pouvoirs qui lui sont opposés et en puisant, entre chaque élection, une nouvelle légitimité directement dans le peuple. Entre tentation plébiscitaire et coup d'État permanent, la présidence américaine se réinvente avec chaque nouvel occupant de la Maison-Blanche.

## CHAPITRE 4

# GOUVERNER : LA DYNAMIQUE DES POUVOIRS

Si la longue présidence de Franklin Roosevelt apparaît comme l'apogée du pouvoir exécutif américain et le moment où elle bascule dans la modernité, c'est que les années 1933-1945 offrent un concours de circonstances économiques, politiques et diplomatiques extraordinaires à un homme lui-même extraordinaire (à gauche, FDR dans le bureau Ovale en 1936; ci-contre, le sceau présidentiel).

La présidence américaine est d'abord une institution qui doit savoir faire parler les silences de la Constitution. Elle est aussi plébiscitaire par essence puisque, pour agir avec force et remplir sa mission d'efficacité, il lui faut aller chercher dans le peuple la légitimité que ne lui confère pas l'élection au suffrage indirect. C'est une institution paradoxale car elle doit protéger le peuple de lui-même, protéger la nation et sa Constitution des dangers que font peser sur elles le système majoritaire et les passions populaires, tandis que la nation doit se garder d'un exécutif tyrannique. Elle ne peut que se personnaliser, car son pouvoir est concentré sur une période courte, et l'homme et la fonction se confondent. Elle dépend à la fois de sa capacité à s'affranchir du parti et du Congrès et de son habileté à convaincre ces deux grands contre-pouvoirs de lui déléguer volontairement le pouvoir et l'initiative tout en collaborant. Elle devient impériale lorsque, avec Richard Nixon, elle banalise les procédures d'exception pour faire de l'ordre constitutionnel de la crise celui de l'ordinaire, ou quand, avec George W. Bush, elle affirme son pouvoir suprême en désactivant de manière préventive les contre-pouvoirs pour bloquer les *checks and balances*.

La présidence se nourrit enfin de la montée en puissance de l'État fédéral. Or, la nationalisation du débat politique et la centralisation du pouvoir se sont faites par paliers, autour de quatre grands moments : la présidence de Jefferson, la guerre de Sécession, le New Deal et enfin, les années 1960, avec la nationalisation des droits par la Cour suprême et la mise en place de la Grande Société de Lyndon Johnson. À cause de la difficulté d'amender le texte organique, les grands équilibres constitutionnels américains, horizontaux ou verticaux, ne changent qu'à l'occasion de crises qui, seules, peuvent faire

L'histoire de la présidence moderne est celle de l'invention et de l'utilisation de nouveaux moyens techniques ou institutionnels pour entrer dans une relation directe avec le peuple. Pour construire cette démocratie plébiscitaire, le rapport avec la presse est déterminant. Tous les « grands » présidents ont innové dans les formes de leur communication, et aussi dans l'accès à la Maison-Blanche offert au quatrième pouvoir. Cela démontre l'importance de la fonction tribunicienne du chef de l'exécutif, qui doit passer par dessus les médiateurs traditionnels pour s'adresser directement au peuple. Franklin D. Roosevelt l'a bien compris, qui lance ses fameuses « causeries au coin du feu », un moyen puissant de rallier l'opinion publique au New Deal (ci-dessus, en 1936).

émerger les supermajorités réclamées par l'article V.

L'accroissement du pouvoir exécutif est donc un dérivé naturel de la crise, ce qui explique aussi qu'une de ses forces soit sa capacité à perturber les équilibres pour mieux recomposer à son avantage le paysage politique. Se dessine ici la thèse du politologue Stephen Skowronek qui souligne le caractère ontologiquement perturbateur du pouvoir exécutif : s'il n'exploite pas la crise, il la crée.

Après les attentats du 11 septembre 2001, grâce à une communication remarquablement maîtrisée et à une exploitation particulièrement habile de l'événement, le président Bush endosse l'habit de chef de l'exécutif et entame une phase fortement transformatrice de sa présidence (ci-dessous, sur les décombres du World Trade Center, le 14 septembre 2001).

**De Washington à Jackson : créer la présidence**

L'exécutif américain porte encore les traces des deux mandats de George Washington (1789-1796). Il est le président qui, dans une période où la toute jeune République ne peut survivre que si elle parvient à se protéger du conflit entre la France et l'Angleterre par une diplomatie habile, affirme la prééminence de l'exécutif dans la conduite des affaires extérieures des États-Unis, n'hésitant pas à rompre le traité qui liait les États-Unis à la France par la Proclamation de neutralité de 1793. Le pouvoir de rompre les traités marque la première grande extension d'un pouvoir exécutif qui, avec le discours d'adieu de Washington de en1796, pose le principe de la diplomatie américaine pour tout le XIXe siècle : se préserver de tout lien privilégié avec les grandes nations européennes.

Thomas Jefferson (1801-1809) est le témoin et l'acteur de trois grandes évolutions dans la pratique de l'exécutif. En ne réagissant pas à l'arrêt *Marbury vs Madison* (1803), dans lequel la Cour suprême s'arroge le monopole du contrôle de la constitutionnalité des lois, il laisse parler les silences de la Constitution au profit de la Cour. Paradoxalement, ce leader naturel des antifédéralistes et adversaire de toutes les formes de renforcement du pouvoir fédéral au détriment des États, procède en 1803 à l'acquisition de la Louisiane, un immense territoire dont les États-Unis ne pourront se rendre maîtres et assurer la mise en valeur qu'au prix d'un renforcement significatif du pouvoir de l'État fédéral. Enfin, il « démocratise la présidence », en s'appuyant au Congrès sur les valeurs populaires du parti antifédéraliste.

Andrew Jackson (1829-1837) éloigné des élites de la côte Est, va s'attaquer frontalement à l'État fédéral et limiter son champ d'action (notamment par son veto qui condamne la Banque des États-Unis), tout en renforçant la cohésion de l'Union. Il met en échec les premières menaces de sécession quand les États débattent sur leur droit d'invalider ou de refuser d'appliquer les lois votées par le Congrès des États-Unis qui seraient contraires à leurs intérêts. Il inculque ainsi l'idée fondamentale d'une présidence qui peut être protectrice de l'Union et des valeurs partagées par le peuple dans la Constitution, sans rendre l'État fédéral tout-puissant.

Thomas Jefferson (ci-dessus), premier président d'alternance, a posé les bases d'un système des partis. Mais c'est Andrew Jackson qui est à l'origine des partis politiques modernes aux États-Unis. En effet, il structure le pluralisme partisan, puis crée le « système des dépouilles » (en caricature, ci-contre) où l'engagement dans la vie politique est récompensé par des emplois dans la fonction publique, aux trois niveaux de la puissance publique américaine : le fédéral, les États, les collectivités locales (villes et comtés).

### Abraham Lincoln : la présidence comme dernier rempart de l'Union

La période qui va jusqu'en 1901 ressemble à une longue traversée du désert pour l'exécutif, avec la seule oasis de la guerre de Sécession et de la présidence d'Abraham Lincoln (1861-1865). Entre 1837 et 1861, on assiste à une lente décomposition du parti Whig (qui précède le Parti républicain) et à une réorganisation du Parti démocrate autour de la défense de l'esclavage et des droits des États. Cette question, la plus brûlante du débat politique, ne peut plus être médiatisée par les partis politiques. Les présidents puisent alors leur légitimité dans les factions du Congrès.

La succession de présidents médiocres jusqu'en 1901 représente l'étiage de l'institution, comme si, en la personne et en la politique d'Abraham Lincoln, le peuple américain et ses élus au Congrès avaient vu l'extraordinaire pouvoir transformateur de l'exécutif et avaient reculé devant cette seconde révolution constitutionnelle qui se profilait dans la suspension de l'*Habeas corpus*, dans la Proclamation d'émancipation de 1863, mais surtout dans les 13e, 14e et 15e amendements, qui allaient redessiner les contours du fédéralisme américain.

Pour défendre sa lutte contre l'esclavage, Lincoln invoquera non pas la Constitution, mais l'esprit de la Déclaration d'indépendance de 1776 : pour lui, c'est le peuple qui fonde les États-Unis en 1776, plus que les États, qui signent un contrat de délégation de pouvoir en 1788 lorsqu'ils ratifient la Constitution. La Déclaration devient donc le préambule de la Constitution, et le combat pour l'abolition, la mise en conformité du texte organique avec les grands principes de 1776.

Abraham Lincoln restera à jamais le président qui a permis à cette « maison divisée » qu'était l'Union de survivre à la guerre de Sécession (1861-1865), qui amène une deuxième révolution constitutionnelle : le 13e amendement (1865) abolit l'esclavage ; le 14e (1868) établit le principe de la double citoyenneté des Américains (fédérale et fédérée) et interdit aux États de priver les citoyens des États-Unis de certaines garanties fondamentales (égale protection des lois, procédure légale régulière) ; le 15e (1871) garantit le droit de vote des esclaves nouvellement affranchis. Ci-contre, Lincoln, en 1865, peu de temps avant son assassinat.

Pour sauver l'Union, Lincoln, d'une certaine façon, joue la République contre les États-Unis. Il s'empare donc de pouvoirs réservés au Congrès et au peuple, ou encore au judiciaire, avec l'appui d'un Parti républicain uni, tant que les armées de la Confédération continuent à lutter. Mais si l'Union est sauvée, c'est au prix de la souveraineté des États et de la mise sous tutelle juridique, administrative et politique de tout le Sud sécessionniste.

### Le progressisme à la Maison-Blanche : Theodore Roosevelt et Woodrow Wilson

Theodore Roosevelt (1901-1909) et Thomas Woodrow Wilson (1913-1921) vont rencontrer les mêmes difficultés face à leur parti et démontrer les limites de l'expansion du pouvoir exécutif. Les deux sont des progressistes, le premier un Républicain, le second un Démocrate. Ils partagent l'idée que le contrat social américain a été bouleversé par les changements dus à la révolution industrielle après la guerre de Sécession, révolution qui donne aussi aux États-Unis une nouvelle place dans la communauté des nations. Les deux réformateurs rencontrent une résistance conservatrice qu'il leur faut surmonter, qu'il s'agisse de s'attaquer aux monopoles économiques ou de faire accepter le rôle d'arbitre international de la Société des Nations (SDN), née après la Première Guerre mondiale et ancêtre de l'ONU. Ils passent par-dessus les contre-pouvoirs traditionnels, pour puiser directement leur légitimité dans le peuple. Leur réussite dépend du rapport établi avec les électeurs, de leur capacité à maintenir une cohésion minimale dans leur parti, mais surtout du renforcement des pouvoirs spécifiques de la présidence. Theodore Roosevelt muscle

Theodore Roosevelt, (ci-dessous avec le président McKinley, à gauche, quelques mois avant que celui-ci ne soit assassiné et qu'il lui succède) est un conservateur de mouvement ou un réformateur conservateur. Progressiste comme Woodrow Wilson, il va mobiliser pleinement les ressources de l'État fédéral pour parvenir à ses objectifs. Populiste, il défend les travailleurs lors des grèves qui secouent l'Amérique industrielle. Brutal dans ses relations avec son parti et avec le Congrès, il déploie, pour briser les conservatismes, et là aussi comme Wilson, un arsenal institutionnel qui ne lui survit pas.

l'Administration en transférant d'importants pouvoirs de régulation des trusts du Congrès à la Commission interétatique au commerce. Woodrow Wilson, lui, lutte pied à pied contre le Sénat pour affirmer la prééminence absolue du président en matière diplomatique. C'est le débat sur la ratification du traité de Versailles, refusé par le Sénat, qui marquera l'échec institutionnel de cet ancien professeur de sciences politiques. De même Roosevelt, qui ne s'est pas représenté en 1908, pour suivre la tradition des deux mandats posée par Washington, n'obtiendra pas l'investiture de son parti lorsqu'il se relancera dans la course en 1912. La présidence plébiscitaire peut donc difficilement fonctionner sans la médiation efficace de partis qui, au début du XXe siècle, restent très puissants au Congrès, leur lieu naturel d'expression.

Avec Harding, Coolidge puis Hoover, les trois présidents républicains de l'entre-deux-guerres, c'est le « retour à la normalité », avant tout institutionnelle, incluant un reflux du pouvoir exécutif face au Congrès et une déférence marquée à l'égard de la Cour suprême dans la protection du libéralisme

Le président Wilson, (ici, entre Clemenceau et Lloyd George lors de la signature du traité de Versailles) fait entrer son pays de plain-pied sur la scène internationale. Avec leur engagement décisif dans la Première Guerre mondiale en 1917 et leurs efforts pour gagner la paix par le biais de la SDN, les États-Unis deviennent une puissance mondiale à la diplomatie pourtant encore incertaine. À l'intérieur, Wilson est le président de la première « grande peur rouge » en 1919-1920, qui débouche sur des lois liberticides contre le mouvement communiste aux États-Unis et la redéfinition de l'équilibre entre sécurité nationale et libertés.

économique et du laisser-faire. Dans une période qu'aucune grande cause ne domine, si ce n'est l'accompagnement bienveillant de la croissance économique, la présidence démontre *a contrario* qu'elle n'est pas une institution de gestion mais bien plutôt un pouvoir de rupture qui s'exprime au mieux dans la crise et non dans la normalité. La hiérarchie est posée : le président crée et réforme, le Congrès gère et préserve l'héritage.

## Franklin D. Roosevelt et l'avènement de la présidence moderne

Lorsque Franklin Roosevelt entre à la Maison-Blanche en 1933, toutes les conditions sont réunies pour exiger un exécutif fédéral fort. La crise économique est nationale et seul l'État fédéral est en mesure de relancer l'économie et mettre en place un système de solidarité sociale pour les victimes du krach. Des trois pouvoirs, seul l'exécutif peut amorcer la réforme sur une période courte (mars-avril-mai 1933), les fameux « cent jours » ou le premier New Deal. Le Congrès doit sa majorité démocrate à la victoire écrasante de FDR et tout naturellement le programme législatif démocrate se confond avec celui du président. Et la Cour suprême, dotée d'une majorité conservatrice centrée sur la défense des libertés économiques, ne peut intervenir que lorsque les premiers textes votés par le Congrès seront soumis au contrôle de constitutionnalité. L'ampleur de la tâche – il s'agit de restructurer l'ensemble des secteurs de l'économie américaine – rend aussi le contexte propice à la délégation de pouvoir du Congrès à l'exécutif, d'où la multiplication des agences fédérales, édictant des codes réglementaires qui sont en fait de véritables amendements à des textes souvent imprécis.

Non content de créer cette présidence administrative qui représente un gigantesque transfert de pouvoir du Congrès vers la présidence, FDR propose aussi une profonde redéfinition du contrat social américain autour de deux grandes

Le New Deal de Franklin D. Roosevelt a été surnommé « la soupe à l'alphabet ». En effet les premières lois créent de multiples agences fédérales aux sigles étranges. Les plus célèbres sont l'AAA (Agricultural Adjustment Administration), qui régule les subsides fédéraux à l'agriculture (à droite, FDR dans le Dakota-du-Nord), ou encore la NRA

(ci-dessus et slogan), qui rédige, en application du NIRA (*National Industrial Recovery Act*) de 1933, des codes de réglementation de l'industrie très détaillés. Les délégations de pouvoir accordées par le Congrès à ces agences feront l'objet d'un important contentieux juridique et constitutionnel. La politique de reconstruction du New Deal s'accompagne aussi du lancement de grands chantiers gouvernementaux.

En 1937, Franklin Roosevelt propose, avec le *Court-packing Plan*, de nommer six juges supplémentaires à la Cour suprême des États-Unis (un par juge de plus de 70 ans). Il prétend aider le haut tribunal à remplir sa mission de contrôle de constitutionnalité face à la profusion législative du New Deal. Il s'agit en fait d'une vengeance politique (ci-dessous, caricaturée dans l'*Evening Star*) : la Cour a invalidé plusieurs lois du New Deal au motif qu'elles auraient été votées en violation des pouvoirs du Congrès selon la « clause du commerce interétatique ». Le projet de FDR n'est pas adopté.

**WE DO OUR PART**

lois : le *National Labor Relations Act* et le *Social Security Act* (1935) : le pouvoir exécutif devient acteur de la négociation salariale et protecteur de la solidarité entre les générations.

Pour ces nouvelles tâches, l'État fédéral doit se renforcer et Roosevelt appelle des experts à la Maison-Blanche et dans les agences. Leur montée en puissance, et celle des ministères qui les contrôlent, entraîne une autonomisation progressive par rapport à la Maison-Blanche : il devient alors nécessaire de renforcer l'équipe présidentielle pour unifier l'action de l'État. Ainsi, la deuxième phase de la présidence de Franklin Roosevelt consiste à façonner les institutions américaines pour tenir compte du rôle nouveau de la présidence, protéger les acquis et anticiper les résistances.

À peine son second mandat entamé, le président s'attaque à la Cour suprême. Il s'emploie aussi, à l'occasion des élections de 1938, à purger le Parti démocrate de ses éléments les plus conservateurs.

En 1939, il fait voter l'*Executive Reorganization Act* créant l'« Executive Office of the President » qui lui donne la capacité de coordonner l'action de l'État fédéral, notamment en centralisant la préparation du budget dans le « Bureau of the Budget ». Sur le front diplomatique, avec l'arrêt *US vs Curtis-Wright Export Co.* en 1936, le président voit confirmés ses « pouvoirs pléniers ». S'y ajoute sa capacité à surmonter lentement la résistance du mouvement isolationniste au Congrès (qui refuse l'entrée du pays dans la guerre en 1939), pour faire des États-Unis l'« arsenal de la démocratie ».

En occupant l'espace vital du Congrès et en le soumettant à son calendrier, en forçant la Cour en 1937 à renverser sa jurisprudence pour adopter sa lecture du texte constitutionnel, en faisant des États les acteurs de la redistribution de crédits fédéraux, mais aussi en confrontant le Parti démocrate à ses conservatismes, Franklin Roosevelt est parvenu, paradoxalement, à nourrir le pouvoir présidentiel de ses contre-pouvoirs traditionnels. De fait, il prend le risque de contre-pouvoirs fonctionnels.

Harry Truman (en haut) a vu la quasi-totalité de ses années à la Maison-Blanche absorbées par les conflits internationaux, le début de la guerre froide et un affrontement idéologique dur avec le Parti républicain. C'est à la fois le président du blocus de Berlin et du plan Marshall d'aide à la reconstruction de l'Europe « libre » et celui du maccarthysme et des serments de loyauté imposés aux fonctionnaires (ci-dessus, badge de la CIA).

### De Truman à Johnson : un modèle présidentiel stable

Harry Truman (1945-1953) devient président des États-Unis à la mort de Franklin Roosevelt en avril 1945. S'il modifie l'institution, c'est d'abord en construisant, avec le Congrès, un appareil de sécurité nationale autour du *National Security Act* de 1947, qui institue la CIA, installe auprès du président le Conseil de sécurité nationale (NSC) et crée le poste de secrétaire d'État à la Défense. L'exécutif dispose alors d'un outil de production et de conception de la politique étrangère indépendant du Département d'État et de la commission des Affaires étrangères du Sénat.

La guerre froide accélère la concentration des pouvoirs dans le domaine extérieur vers la présidence. Le conflit entre les deux blocs, les mises en place du plan Marshall et de la doctrine de l'endiguement vont renforcer la déférence du Congrès vis-à-vis du président. Après les mandats de Roosevelt puis de Truman, la présidence est devenue le garant à la fois du contrat social et de la sécurité nationale. Cependant, l'aile sudiste du Parti démocrate s'oppose à la mise en place de la déségrégation raciale, tandis que son aile gauche critique les avancées sociales insuffisantes. Truman doit faire face à un parti éclaté et, en 1947, à un retour majoritaire des Républicains au Congrès. Pour la première fois, le modèle inventé par Roosevelt devient une présidence de résistance plutôt que d'initiative.

Dwight Eisenhower (1953-1961), le premier président républicain depuis Hoover, ne remet pas en cause le modèle rooseveltien : la nouvelle présidence n'est plus considérée comme un instrument partisan. Au contraire, le périmètre de l'exécutif continue à s'étendre avec la création en 1953 du département de la Santé, de l'Éducation et de l'Aide sociale (Welfare) : deux responsabilités traditionnellement attachées

Le président Eisenhower (inspectant ici les troupes en Corée en décembre1952, au lendemain de son élection de novembre) continue la politique d'endiguement de Truman, qui consiste à stopper la progression de l'influence communiste à travers le monde. Il fait face à la deuxième phase de la guerre froide, caractérisée par la mort de Staline (1953), mais aussi par le premier vol de *Spoutnik* (1957) et la crise qui fait suite à la capture du pilote d'un avion espion U2 abattu au-dessus de l'URSS en 1960. Militaire de carrière, il met pourtant en garde les Américains, dans son discours d'adieu en janvier 1961, contre le danger que le « complexe militaro-industriel » fait peser sur la forme républicaine de l'État.

aux États relèvent désormais pour partie du domaine fédéral. D'autre part, parce qu'il est l'ancien commandant en chef des forces alliées en Europe, Eisenhower jouit aux yeux du Congrès d'une image de compétence en matière militaire. Les élus ne jugent pas nécessaire de contrôler étroitement l'utilisation du nouvel appareil de renseignement et de sécurité nationale, ce qui explique que la CIA ait les mains libres pour organiser un coup d'État au Guatemala en 1954.

Au soir de l'assassinat de John Kennedy à Dallas, Lyndon Johnson prête serment dans l'avion présidentiel. Il hérite des prémices du conflit au Viêtnam et d'une situation explosive dans le Sud et les grands centres urbains sur la question des droits civiques.

John Kennedy (1961-1963), le plus jeune président des États-Unis, élu à une faible majorité, maîtrise peu son parti au Congrès. Pour rester maître du jeu à l'intérieur, le « *personal president* » doit recourir à la fonction « tribunicienne » et s'adresser directement au peuple. L'ancien sénateur du Massachusetts y parvient brillamment. Utilisant, le premier, les possibilités de la télévision, il projette la présidence dans l'ère de la communication moderne. Mais, pendant ses deux ans et demi à la Maison-Blanche, la césure s'accentue entre l'extérieur, où les pouvoirs présidentiels continuent de s'accroître, notamment après sa gestion réussie de la crise des missiles de Cuba, et l'intérieur, où le calendrier des réformes est menacé par l'aile conservatrice du Parti démocrate.

John Fitzgerald Kennedy inaugure sa présidence par le revers humiliant de la baie des Cochons, l'échec de l'invasion de Cuba par des mercenaires. Paradoxalement, en assumant la pleine responsabilité de l'opération, il assoit sa crédibilité de chef de l'exécutif, renforcée par son traitement magistral de la crise des missiles de Cuba en octobre 1962 (ci-dessus). Kennedy inaugure l'ère de la « personnalisation » de la présidence qui allie rapport direct avec les électeurs et isolement par rapport au Congrès.

À partir de Lyndon Johnson (1963-1969), qui succède à JFK assassiné à Dallas le 23 novembre 1963, les présidents américains vont devoir pallier leur isolement. L'embourbement au Viêtnam, mis au débit presque exclusif de Johnson, prouve par l'absurde que le président, dans le domaine de la guerre, est bien un monarque constitutionnel solitaire. L'aventure du Viêtnam démontre aussi que si le président jouit de pouvoirs pléniers en matière diplomatique et militaire, c'est le pouvoir exécutif dans son ensemble qui se trouve déstabilisé et fragilisé si les politiques menées échouent. Avec un décalage croissant entre le discours public et la

Les cinq ans et demi à la Maison-Blanche du président Johnson (ci-dessous, avec le général Westmoreland, commandant en chef des troupes américaines au Viêtnam ; page suivante, dans le bureau Ovale avec ses conseillers) sont marqués par le conflit dans le Sud-Est asiatique. Il y a d'abord l'envoi de conseillers militaires, puis en 1964, la Résolution du golfe du Tonkin qui autorise le président à utiliser la force. Lorsque, en janvier 1968, le Viêt-công lance la puissante contre-attaque du Têt, on compte 500 000 GI au Viêtnam, dans une guerre dont nul ne voit l'issue, entre retrait honteux et escalade à répétition.

réalité sur le terrain au Viêtnam, Johnson creuse entre le peuple et lui le « gouffre de la crédibilité ». Il ampute sérieusement la fonction tribunicienne de la présidence, contribuant un peu plus à son isolement.

Mais Lyndon Johnson est aussi l'un des rares présidents des États-Unis à avoir gouverné dans une période d'alignement idéologique des trois pouvoirs de l'État fédéral, ce qui explique la profondeur des transformations mises en place par la Grande Société. Si des programmes tels Medicare et Medicaid sont lancés, si l'État fédéral intervient pour scolariser plus tôt les enfants défavorisés (programme Headstart) et pour lutter contre la pauvreté, si enfin on entame la rénovation des centres-villes, c'est qu'au Congrès, à la présidence et à la Cour suprême domine la même philosophie de l'expansion des droits sous l'égide de l'État fédéral. Ici, le pouvoir judiciaire construit les fondements constitutionnels de l'action des pouvoirs élus.

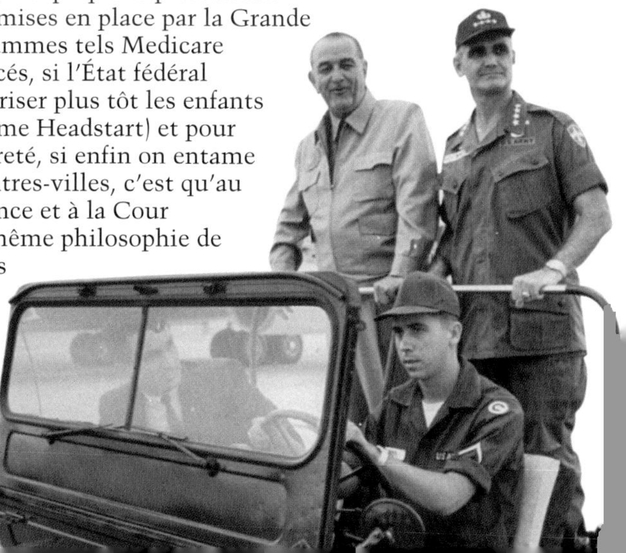

La présidence est une institution paradoxale. Elle se résume toute entière dans l'homme qui occupe la fonction, solitaire et de plus en plus isolée depuis la Seconde Guerre mondiale, pour exercer les pouvoirs d'un monarque constitutionnel. Pourtant, la présidence est aussi caractérisée par la capacité du chef de l'exécutif à s'entourer de conseillers à la fois fidèles et respectés pour leur capacité à lui résister : John Kennedy et son frère Robert, qui était aussi ministre de la Justice (page de gauche), Lyndon Johnson et Abe Fortas, qu'il nommera à la Cour suprême, Richard Nixon et Henry Kissinger, son conseiller à la Sécurité nationale, qui deviendra secrétaire d'État (ci-contre). La solidité des liens, la qualité des conseils des « hommes du président » se jugent lors des crises, test ultime du bon fonctionnement de l'exécutif : missiles de Cuba, émeutes raciales, reconnaissance de la Chine, bombardements du Laos et du Cambodge... Les photographes ont laissé des images fortes de ces hauts lieux de la dramatisation présidentielle que sont le bureau Ovale et *Situation Room* (la salle de crises).

Comme Roosevelt, Johnson a nourri la présidence de ses contre-pouvoirs pour en accroître l'empire. Mais les causes sont différentes : il s'appuie sur un parti très dominateur au Congrès qui a su faire son aggiornamento avant les Républicains. Ancien leader de la majorité au Sénat, c'est un expert du Congrès qui est entré à la Maison-Blanche. Et il a trouvé une Cour suprême qu'il n'a pas à combattre mais qui, au contraire, l'encourage dans ses desseins.

### Richard Nixon : l'empereur est nu, finalement...

Si Arthur Schlesinger a pu, à propos de Richard Nixon, parler de « présidence impériale », c'est bien parce que l'ancien vice-président d'Eisenhower représente le modèle le plus abouti d'une présidence qui accepte l'isolement comme une fatalité de l'exécutif et s'organise, voire s'arme, pour gouverner seule. Nixon est le premier président élu au XX^e^ siècle sans majorité partisane au Congrès. Sa majorité

La « présidence impériale » de Richard Nixon a aussi provoqué un sursaut institutionnel de la part du Congrès, notamment à propos des pouvoirs de guerre, à tel point qu'on a pu, dans les années 1970, parler « d'ascendant législatif ». Dans ses *Mémoires* (1978), Nixon défendra sa pratique du pouvoir et écrira : « L'alternative à un gouvernement présidentiel fort est un gouvernement par le Congrès, c'est-à-dire pas de gouvernement du tout. »

populaire est faible (il n'a pas récupéré les bénéfices de l'impopularité d'une guerre du Viêtnam déclenchée par les Démocrates, grands perdants des élections de 1968). Il doit faire face à une presse généralement hostile et la philosophie progressiste dominante à la Cour suprême est contraire aux préceptes conservateurs qu'il défend. Contre le Congrès, Richard Nixon a donc recours à ces armes extraordinaires que sont le gel des fonds (*impoundment*) ou encore, à l'extérieur, la multiplication des accords exécutifs, excellent moyen de contourner le législatif.

Cet isolement de la présidence explique le doublement des effectifs de l'Executive Office of the President et la rationalisation de la communication de la Maison-Blanche sous l'égide de l'Office of Communications. L'idée est simple : il faut inverser le rapport de forces avec le Congrès en renforçant les pouvoirs de réglementation de l'exécutif et, dans la communication avec le peuple, court-circuiter les grands médias suspects de sympathies démocrates. Chez Johnson, l'illusion du pouvoir quasi absolu se paie par l'embourbement au Viêtnam, chez Nixon ce sera par le scandale du Watergate.

Richard Nixon aura aussi creusé l'écart qui existe entre politique intérieure et politique étrangère et pouvoirs de guerre. Malgré l'adoption du *War Powers Act* en 1973, le président reste maître en son domaine diplomatique et militaire. Mais, à l'intérieur, le Congrès met en exergue toutes les limites du pouvoir exécutif. La présidence de Richard Nixon est entravée dans sa capacité à initier le changement car, au contraire de Franklin Roosevelt ou de Lyndon Johnson qui ont étayé le nouveau contrat social américain du New Deal et de la Grande Société par une pédagogie républicaine avec une multiplication des relais entre la Maison-Blanche et le peuple, Nixon utilise

Après que la Cour suprême lui a intimé l'ordre de livrer à la justice les bandes magnétiques du bureau Ovale qui l'incriminent dans l'affaire du Watergate, Richard Nixon est pris dans un filet de procédures judiciaires dont il sait qu'elles handicaperont le fonctionnement de la présidence (caricature ci-dessus). Il n'a guère d'autre choix que de démissionner. Le haut tribunal a en effet refusé d'étendre ce que les juristes appellent le « privilège de l'exécutif » (c'est-à-dire la capacité de la présidence à se protéger en refusant, au nom de la séparation des pouvoirs, de livrer des informations qu'elle détient aux pouvoirs législatif ou judiciaire), à ce que les juges considèrent comme un délit. À gauche, le 8 août 1974, à la télévision, Richard Nixon annonce sa démission.

essentiellement les outils réglementaires de l'exécutif pour déconstruire l'État providence américain. La réforme n'est donc ni ancrée dans la délibération du Congrès, ni appuyée sur des fondements constitutionnels profonds rappelés par la Cour suprême.

Le 8 septembre 1974, Gerald Ford annonce qu'il a accordé la grâce présidentielle à Richard Nixon (ci-dessous). C'est l'acte fondateur d'un mandat court mais trop souvent sous-estimé par les historiens.

## Ford et Carter : la présidence de transition

Nommé à la vice-présidence en remplacement de Spiro Agnew, Gerald Ford, qui succède à Nixon après sa démission, est le seul président des États-Unis à n'avoir jamais été élu. Il mérite sa place dans l'histoire américaine pour avoir, en accordant une grâce présidentielle à Richard Nixon, sauvé la présidence d'une plongée dans une longue série de procédures judiciaires. Gerald Ford a aussi mis en évidence les pouvoirs rémanents de l'exécutif en résistant, par le biais du veto, à un Congrès démocrate puissant et organisé. Il a de plus amorcé un travail d'unification du Parti républicain qui portera ses fruits dès 1980.

Par-delà le succès de la réunion de Camp David, Jimmy Carter, ici entre Menahem Beghin et Anouar el-Sadate, prône une présidence modeste et autocritique, qualifiée parfois de contresens institutionnel. Il aura à gérer le deuxième choc pétrolier, une inflation forte et la crise de l'emploi dans l'industrie lourde.

Le résultat contrasté du démocrate Jimmy Carter illustre jusqu'à la caricature le fonctionnement de la présidence moderne. L'ancien gouverneur de Géorgie réussit son pilotage des accords de Camp David en 1978, mais l'invasion de l'Afghanistan par l'URSS et la crise des otages en Iran pèsent lourd dans son bilan extérieur. Il est aussi le chef de l'exécutif de cette période le plus coupé de son parti au Congrès. Préconisant un retour à l'humilité de la présidence, il la prive de son pouvoir transformateur et de l'énergie qu'en attendent les Américains.

Pour beaucoup d'Américains, Ronald Reagan, ici lors de sa première rencontre avec le président Gorbatchev à Genève en novembre 1985, restera le président qui a « gagné » la guerre froide, mais aussi celui qui a rendu sa fierté à un pays traumatisé par la défaite au Viêtnam, le Watergate, la crise de l'énergie et le délitement du modèle social du New Deal et de la Grande Société. Son élection en 1980 représente la victoire d'un parti qui se rebâtit sur les bases d'un nouveau conservatisme. Mais les inégalités sociales augmentent et le déficit public se creuse.

**La restauration reaganienne**

C'est pour cela que les deux mandats de Ronald Reagan doivent être considérés comme une restauration du pouvoir exécutif moderne dans tous ses aspects, y compris les plus négatifs. L'ancien gouverneur de Californie restaure d'abord la fonction tribunicienne par une communication volontariste délibérément positive, illustrant par sa rhétorique le pouvoir transformateur de la fonction. En brisant la grève du syndicat des aiguilleurs du ciel (PATCO) dès son entrée en fonction en 1981, il prend pleinement possession de ses pouvoirs de chef de l'exécutif, un acte symbolique qui passe d'autant plus facilement qu'il est le premier président républicain depuis Eisenhower à reconquérir une des deux chambres au Congrès, le Sénat. Reagan, retournant la logique du New Deal au profit des conservateurs, fait venir au Parti républicain des électeurs traditionnels du Parti démocrate, les cols bleus, en leur promettant que l'expansion de leurs droits passe par la réduction de l'État. Enfin, président moderne par excellence, il casse les logiques partisanes et budgétaires en

obtenant simultanément du Congrès la baisse des impôts et la hausse du budget de la Défense.

Les années 1980 sont aussi marquées par un grand échec et une crise institutionnelle : Ronald Reagan ne se consacre pas assez à la construction du Parti républicain pour pouvoir l'emporter au Congrès, ce qui limite sa marge de manœuvre à l'intérieur et explique la frustration d'une partie de la droite conservatrice. Faute aussi d'avoir su installer des mécanismes de contrôle et des contre-pouvoirs à l'intérieur même de la Maison-Blanche, Reagan voit les dernières années de son second mandat ternies par l'affaire Iran-Contra. En violation de deux lois votées par le Congrès (l'interdiction de financer la déstabilisation de gouvernements démocratiquement élus en Amérique latine et centrale et l'embargo sur l'Iran), le colonel Oliver North organise un système de ventes d'armes à l'Iran, dont les bénéfices vont à la contre-révolution au Nicaragua. Ses auditions devant une commission d'enquête du Congrès en 1987 sont une longue mise en accusation de la présidence impériale telle qu'elle fonctionne dans le secret et à l'abri des contre-pouvoirs.

George H.W. Bush, (ici en 1990 lors de sa visite aux troupes basées en Arabie Saoudite pendant le premier conflit en Irak) succède à Ronald Reagan en 1989. Il est le seul vice-président élu après deux mandats de son colistier depuis 1945, ce qui témoigne de la popularité de Reagan. S'il parvient à gérer avec brio l'après guerre froide, il peine en revanche à intégrer la fonction tribunicienne et se trouve vite en difficulté sur le front intérieur. Son revirement sur les impôts, qu'il jure de ne jamais augmenter avant de le faire, et son absence de « vision » présidentielle lui coûteront l'élection de 1992.

**Nouvelle transition : la présidence après la guerre froide**

George H. W. Bush et Bill Clinton ont d'abord en commun d'être les deux premiers présidents de l'après-guerre froide, qui recentre l'institution sur le domaine intérieur et donc la fragilise. Ni l'un ni l'autre ne peut s'appuyer véritablement sur son parti, car Républicains et Démocrates sont en pleine mutation. Ils doivent aussi faire face à un Congrès d'une majorité partisane opposée, le premier pour l'intégralité de son mandat unique, le second durant ses six dernières années à la Maison-Blanche.

George H. W. Bush est l'illustration parfaite de cette incompatibilité fonctionnelle entre la présidence et la gestion de la réforme. Ancien diplomate et directeur de la CIA, il n'a d'autre ambition, lorsqu'il accède à la présidence en 1989, que de consolider la réforme conservatrice lancée par Reagan. C'est un rôle que seul un Congrès républicain aurait pu remplir. Président à contre-emploi, il ne se distingue donc que par sa gestion réaliste et prudente de la première guerre en Irak.

Quant à Bill Clinton, il sait utiliser le pouvoir perturbateur de la présidence en forçant à une recomposition partisane qui détourne au profit du Parti démocrate un certain nombre de thématiques conservatrices. Mais sa victoire en 1992 et sa réélection en 1996 sont essentiellement personnelles et ne font pas avancer les intérêts des Démocrates. Sa mise en accusation à la suite de l'affaire Lewinsky en 1998 marque un point d'étiage du politique américain : non seulement la présidence est affaiblie, car l'homme qui occupe la fonction a été humilié, mais elle a dû se soumettre à une enquête qui a largement entamé les privilèges de l'exécutif. Le Congrès et les partis politiques n'en sortent pas indemnes, entraînés qu'ils ont été dans un jeu politicien qui a rabaissé les institutions.

Le bilan de Bill Clinton est contrasté et paradoxal. Il a su adapter l'État providence américain aux nouvelles réalités économiques et a réformé en 1996 le système d'aide sociale, le Welfare. Il a rétabli la balance des paiements et considérablement réduit le déficit budgétaire. Mais sa stratégie de « triangulation » qui consistait à s'approprier les thèmes forts des Républicains (morale,

famille, religion, équilibre budgétaire, ordre...) a brouillé les cartes et affaibli le Parti démocrate. Sa mise en accusation a coupé les ailes de ce tribun hors pair et mis fin aux espoirs de réformes qu'il avait suscités, particulièrement chez les femmes et les minorités ethniques (ci-dessus, Bill Clinton défendant sa réforme de Medicare dans la salle de presse à la Maison-Blanche).

L'affaire du Watergate, révélée par deux journalistes du *Washington Post*, a, paradoxalement, nui à l'efficacité de la presse américaine en tant que contre-pouvoir. Devenus « tueurs de géants », les journalistes ont souvent privilégié la couverture de l'homme président au détriment d'une analyse critique des procédures plus complexes du Congrès et des tribunaux. Avec les coupes budgétaires dans les grands médias à partir des années 1980, on découvrit vite le rapport de dépendance de la presse vis-à-vis de la présidence. Ronald Reagan, Bill Clinton (ci-contre, au pupitre présidentiel lors d'une conférence de presse en 1999) ou encore George W. Bush, qui furent tous trois de « grands communicants », surent manipuler cette faiblesse à leur avantage. Le *New York Times* a dû ainsi s'excuser pour la couverture illustrant l'entrée en guerre en Irak en 2003. La relation médias-président reste marquée par une profonde ambiguïté avec une Maison-Blanche à la fois dépendante des journalistes et totalement maîtresse de leur accès aux cercles rapprochés du pouvoir exécutif. Le pupitre présidentiel est donc la marque du pouvoir tribunicien du président et de « la présidence rhétorique ».

À la fin du XX<sup>e</sup> siècle, la présidence ne peut se replier sur son pré carré diplomatique : elle doit apprendre à gérer les crises de basse intensité qui éclatent partout à la périphérie des anciens blocs et remplacent l'affrontement avec l'URSS défunte.

« Mission accomplie », George Bush en Irak en 2003 : une annonce triomphale pour le moins prématurée.

### La nouvelle restauration de George W. Bush

Lorsque George W. Bush entre à la Maison-Blanche en janvier 2001, il est le président le plus mal élu du XX<sup>e</sup> siècle. Son « conservatisme de la compassion » jure avec le discours plus tranchant de la majorité républicaine au Congrès. Il n'y a pas dans son programme de volonté marquée de rupture, et les trois premiers mois ne livrent aucune grande réforme autre que la baisse des impôts. La restauration de l'exécutif à laquelle il va présider par la suite doit donc être considérée comme une exploitation extraordinairement habile des événements du 11 septembre par quelques membres de l'Administration du président, tels Dick Cheney et Donald Rumsfeld.

Le 11 Septembre va fournir les deux axes de la restauration du pouvoir exécutif. Il permet à George W. Bush de resserrer les rangs de son parti autour du thème de la sécurité nationale et crée les conditions de désactivation des contre-pouvoirs. À partir de là, il s'agit d'exploiter avec méthode ce contexte favorable. George W. Bush rend à son parti ce qu'il lui donne, par un investissement sans précédent dans les élections de mi-mandat de 2002.

Par ailleurs, vis-à-vis du Congrès et de la Cour, il prend les devants sur chacun des contre-pouvoirs potentiels en ayant recours à trois procédures principales : les déclarations de signature pour anticiper sur le contrôle de constitutionnalité et bloquer l'application de certaines lois ; le « privilège de l'exécutif »

pour empêcher le Congrès et le judiciaire d'accéder à l'information détenue par la présidence ; et les nominations dans les agences dépendant de l'exécutif et dans les tribunaux fédéraux. Mais l'installation dans la durée du conflit en Irak, l'impopularité record du président au terme de son second mandat, l'échec de la seule grande réforme prévue dans le programme de George W. Bush (la privatisation du régime des retraites) démontrent que la présidence ne saurait gouverner longtemps en s'opposant aux contre-pouvoirs assemblés.

Au total, l'exécutif a montré, en particulier dans l'expansion considérable de ses prérogatives après le 11 Septembre, qu'il restait une institution qui savait profiter des crises et dont la capacité de dominer le domaine militaire et diplomatique lui octroyait un avantage énorme sur le Congrès. Pour autant, les mandatures de Bill Clinton et de George W. Bush viennent rappeler avec force que, dans le domaine intérieur, la présidence n'est un instrument de transformation efficace que si elle parvient à construire une coalition électorale pérenne, à s'assurer de la fidélité et du soutien du parti et à collaborer avec le Congrès. La présidence peut être impériale par épisodes. Sur le temps long de l'Histoire, elle reste une institution soumise au contrôle du peuple et de ses représentants.

Le camp de prisonniers de Guantanamo (ci-dessous), qui n'est pas en territoire américain, symbolise la tentative réussie de l'administration Bush d'échapper aux contre-pouvoirs. De l'*USA Patriot Act* (2001) au *Military Commissions Act* (2006), qui crée des tribunaux d'exception, tout a été fait pour limiter l'*Habeas corpus* et restreindre le contrôle de l'exécutif par le judiciaire. Grâce aux manœuvres et à la fermeté de Donald Rumsfeld, secrétaire à la Défense jusqu'en décembre 2006, et de Dick Cheney, vice-président (ci-contre, encadrant le président), George W. Bush est parvenu à une expansion sans précédent de l'empire de l'exécutif.

# TÉMOIGNAGES ET DOCUMENTS

# Textes fondateurs et documents constitutionnels

*L'article II de la Constitution est bref mais assez vague. Dès 1788, dans* Le Fédéraliste, *Alexander Hamilton explique l'importance des pouvoirs confiés à un seul homme. Washington, dans son discours d'adieu, pose le sceau de l'exécutif sur la diplomatie, premier bilan du passage de la théorie à la pratique constitutionnelle. Dès lors, la présidence change peu, au moins dans le texte organique.*

## La présidence dans la Constitution : l'article II

*Les fondateurs ont voulu limiter la puissance de l'exécutif fédéral par une séparation effective des responsabilités et l'octroi de contre-pouvoirs forts au Congrès et à la Cour suprême.*

**Section 1**

**1.** Le pouvoir exécutif sera conféré à un président des États-Unis d'Amérique. Il restera en fonction pendant une période de quatre ans et sera, ainsi que le vice-président, choisi pour la même durée, élu comme suit :

**2.** Chaque État nommera, de la manière prescrite par sa législature, un nombre d'électeurs égal au nombre total de Sénateurs et de Représentants auquel il a droit au Congrès, mais aucun sénateur ou représentant, ni aucune personne tenant des États-Unis une charge de confiance ou de profit, ne pourra être nommé électeur.

**3.** Les électeurs se réuniront dans leurs États respectifs et voteront par bulletins pour deux personnes, dont l'une au moins n'habitera pas le même État qu'eux. Ils dresseront une liste de toutes les personnes qui auront recueilli des voix et du nombre de voix réunies par chacune d'elles. Ils signeront cette liste, la certifieront et la transmettront, scellée, au siège du gouvernement des États-Unis, à l'adresse du président du Sénat. Le président du Sénat, en présence du Sénat et de la Chambre des représentants, ouvrira toutes les listes certifiées, et les suffrages seront alors comptés. La personne qui aura obtenu le plus grand nombre de voix sera Président, si ce nombre représente la majorité de tous les électeurs nommés. Si deux ou plusieurs personnes ont obtenu cette majorité et un nombre égal de voix, la Chambre des représentants, par scrutin, choisira immédiatement l'une d'entre elles comme Président. Et si aucune personne n'a obtenu la majorité nécessaire, la Chambre des représentants choisira alors le Président, selon la même procédure, parmi les cinq personnes ayant obtenu le plus grand nombre de voix. Mais, pour le choix du Président, les votes seront comptés par État, la représentation de chaque État ayant une voix. Le quorum nécessaire à cet effet sera constitué par la présence d'un ou de plusieurs représentants des deux tiers des États, et l'adhésion de la majorité de tous les États devra être acquise pour la validité du choix. Dans tous les cas, après l'élection du Président, la personne qui aura obtenu après lui le plus grand nombre de suffrages des électeurs sera vice-président. Mais s'il

reste deux ou plusieurs personnes ayant le même nombre de voix, le Sénat choisira le vice-président parmi elles par scrutin.
**4.** Le Congrès pourra fixer le moment où les électeurs seront choisis et le jour où ils devront voter, ce jour étant le même sur toute l'étendue des États-Unis.
**5.** Nul ne pourra être élu Président s'il n'est citoyen de naissance, ou s'il n'est citoyen des États-Unis au moment de l'adoption de la présente Constitution, s'il n'a trente-cinq ans révolus et ne réside aux États-Unis depuis quatorze ans.
**6.** En cas de destitution, de mort ou de démission du Président, ou de son incapacité d'exercer les pouvoirs et de remplir les devoirs de sa charge, ceux-ci seront dévolus au vice-président. Le Congrès pourra, par une loi, prévoir le cas de destitution, de mort, de démission ou d'incapacité à la fois du Président et du vice-président en désignant le fonctionnaire qui fera alors fonction de président, et ce fonctionnaire remplira ladite fonction jusqu'à cessation d'incapacité ou élection d'un Président.
**7.** Le Président recevra pour ses services, à échéances fixes, une indemnité qui ne sera ni augmentée ni diminuée pendant la période pour laquelle il aura été élu, et il ne recevra pendant cette période aucun autre émolument des États-Unis, ni d'aucun des États.
**8.** Avant d'entrer en fonctions, le Président prêtera serment ou prononcera l'affirmation qui suit : «Je jure (j'affirme) solennellement de remplir fidèlement les fonctions de président des États-Unis et, dans toute la mesure de mes moyens, de sauvegarder, protéger et défendre la Constitution des États-Unis.»

**Section 2**
**1.** Le Président sera commandant en chef de l'armée et de la marine des États-Unis, et de la milice des divers États quand celle-ci sera appelée au service actif des États-Unis. Il pourra exiger l'opinion, par écrit, du principal fonctionnaire de chacun des départements exécutifs sur tout sujet relatif aux devoirs de sa charge. Il aura le pouvoir d'accorder des sursis et des grâces pour crimes contre les États-Unis, sauf dans les cas d'impeachment.
**2.** Il aura le pouvoir, sur l'avis et avec le consentement du Sénat, de conclure des traités, sous réserve de l'approbation des deux tiers des sénateurs présents. Il proposera au Sénat et, sur l'avis et avec le consentement de ce dernier, nommera les ambassadeurs, les autres ministres publics et les consuls, les juges à la Cour suprême, et tous les autres fonctionnaires des États-Unis dont la nomination n'est pas prévue par la Constitution et dont les postes seront créés par la loi. Mais le Congrès pourra, lorsqu'il le jugera opportun, confier au Président seul, aux cours de justice ou aux chefs des départements, la nomination de certains fonctionnaires inférieurs.
**3.** Le Président aura le pouvoir de pourvoir à toutes vacances qui viendraient à se produire entre les sessions du Sénat, en accordant des commissions qui expireront à la fin de la session suivante.

**Section 3**
Le Président informera le Congrès, de temps à autre, de l'état de l'Union, et recommandera à son attention telles mesures qu'il estimera nécessaires et expédientes. Il pourra, dans des circonstances extraordinaires, convoquer l'une ou l'autre des Chambres ou les deux à la fois, et en cas de désaccord entre elles sur la date de leur ajournement, il pourra les ajourner à tel moment qu'il jugera convenable. Il recevra les ambassadeurs et autres ministres publics. Il veillera à ce que les lois soient fidèlement exécutées et commissionnera tous les fonctionnaires des États-Unis.

**Section 4**
Le Président, le vice-président et tous les fonctionnaires civils des États-Unis seront destitués de leurs charges sur mise en accusation et condamnation pour trahison, corruption ou autres crimes et délits majeurs.

*Constitution des États-Unis d'Amérique*
17 septembre 1787

## *Le Fédéraliste* : défense et illustration de l'article II

*John Jay, James Madison et Alexander Hamilton, trois pères fondateurs, publient dans la presse de New York,* Le Fédéraliste, *des articles pour pousser à la ratification de la Constitution. Ici Hamilton sur l'exécutif:*

C'est une idée qui n'a pas été sans défenseurs que celle d'après laquelle un Exécutif énergique est incompatible avec le génie du gouvernement républicain. Les amis éclairés de cette forme de gouvernement doivent, tout au moins désirer que cette idée soit dénuée de fondement, puisqu'ils ne pourraient reconnaître sa justesse sans souscrire en même temps à la condamnation de leurs propres principes. L'énergie dans l'Exécutif est l'un des principaux caractères dans la définition d'un bon gouvernement. Cela est essentiel à la sûreté de la société contre les attaques étrangères; cela l'est également à l'application stricte des lois, à la protection des propriétés contre des tentatives irrégulières, qui, parfois, interrompent le cours ordinaire de la justice; enfin, c'est la vigueur du pouvoir exécutif qui protège la liberté contre les entreprises et les assauts de l'ambition, de la faction et de l'anarchie. [...]

Un Exécutif faible suppose une exécution faible du gouvernement. Or, une exécution faible n'est pas autre chose qu'une exécution mauvaise; et un gouvernement mal exécuté, quel qu'il soit en théorie, ne peut-être, dans la pratique, qu'un mauvais gouvernement.

En supposant donc pour accordé que tout homme raisonnable conviendra de la nécessité d'un Exécutif énergique, il ne reste qu'à rechercher par quels moyens on arrivera à constituer cet énergie. Comment ces moyens doivent-ils être combinés avec les moyens qui assurent le maintien du gouvernement républicain? Dans quelle mesure cette combinaison a-t-elle été faite dans le plan élaboré par la Convention ?

Ce qui donne de l'énergie à l'Exécutif, c'est en premier lieu l'unité, en second lieu la durée, en troisième lieu les moyens suffisants de pourvoir à ses dépenses, quatrièmement des pouvoirs suffisants. Les moyens qui contribuent à donner de la sécurité au gouvernement républicain sont, en premier lieu, une dépendance raisonnable vis-à-vis du peuple ; en second lieu, une responsabilité raisonnable.

Les politiciens et les hommes d'État qui sont le plus réputés pour la bonté de leurs principes et la justesse de leurs vues se sont prononcés en faveur d'un Exécutif unique et d'une législature nombreuse. Ils ont, avec beaucoup de raison, considéré l'énergie comme la qualité la plus nécessaire à l'Exécutif, et ont cru que le meilleur moyen de l'assurer était de remettre le pouvoir aux mains d'un seul; au contraire, avec la même raison, ils ont cru qu'une législature nombreuse convenait le mieux pour la délibération et la sagesse, et que cela valait mieux pour obtenir la confiance du peuple et veiller sur ses privilèges et sur ses intérêts.

Que de l'unité découle l'énergie, c'est ce qui est incontestable. La décision, l'activité, le secret et la diligence caractérisent les opérations d'un seul homme, à un degré bien plus élevé que celles qui émanent d'un plus grand nombre; et ces qualités diminuent à mesure que le nombre augmente.

Cette unité peut être détruite par deux causes différentes : soit en investissant du pouvoir deux ou plusieurs magistrats égaux en dignité et en autorité, soit en le remettant en apparence aux mains d'un seul homme soumis en tout ou en partie au contrôle et à la collaboration d'autres personnes qui seront ses conseillers.

Alexander Hamilton
*Le Fédéraliste* n° LXX, 18 mars 1788
in *Le Fédéraliste (The Federalist Papers)*,
Paris, Economica, 1988

### Le discours d'adieu de Washington et le principe de non-engagement

*Le premier président de l'Union définit les principes qui vont longtemps régir la politique étrangère des États-Unis.*

Notre Grande règle de conduite envers les nations étrangères est d'étendre nos relations commerciales afin de n'avoir avec elles qu'aussi peu de liens politiques qu'il est possible. Autant que nous avons déjà formé des engagements remplissons-les, avec une parfaite bonne foi. Et tenons-nous-en là.

L'Europe a un ensemble d'intérêts primordiaux, qui n'ont aucun rapport avec nous ou alors très lointain. Par conséquent elle est engagée dans de fréquentes polémiques, dont les causes sont étrangères à nos soucis. Par conséquent, il est imprudent pour nous de s'impliquer, à cause de liens artificiels, dans les vicissitudes ordinaires de sa politique, ou les combinaisons et les conflits ordinaires de ses amitiés ou de ses inimitiés.

[...] Pourquoi renoncer aux avantages d'une situation si particulière ? Pourquoi quitter notre propre sol pour se tenir sur une terre étrangère? Pourquoi, en entrelaçant notre destin avec celui d'une quelconque part de l'Europe, empêtrer notre paix et notre prospérité dans les labeurs des ambitions, rivalités, intérêts, humeurs ou caprices européens ?

C'est notre politique véritable d'avancer exempt d'Alliances permanentes avec n'importe quelle partie du Monde étranger – Aussi loin, veux-je dire, que nous sommes maintenant capables de le faire – ne me croyez pas capable de recommander d'être infidèle aux engagements existants, (je soutiens la maxime non moins applicable aux affaires publiques que privées, que l'honnêteté est toujours la meilleure politique) – Je le répète donc, continuez à appliquer ces engagements dans leur sens véritable. Mais à mon avis, il est inutile et serait imprudent de les étendre.

George Washington
Discours d'adieu, 19 septembre 1796

### Amendements relatifs à la présidence

*Quatre amendements concernent l'élection du président et du vice-président, la passation des pouvoirs, la limite du nombre des mandats, l'indisponibilité présidentielle.*

**12e amendement [1804]**
Les électeurs se réuniront dans leurs États respectifs et voteront par bulletin pour le président et le vice-président, dont l'un au moins n'habitera pas le même État qu'eux. Ils indiqueront sur des bulletins séparés le nom de la personne qu'ils désirent élire président et de celle qu'ils désirent élire vice-président. Ils dresseront des listes distinctes de toutes les personnes qui auront obtenu des voix pour la présidence, de toutes celles qui en auront obtenu pour la vice-présidence, et du nombre de voix recueillies par chacune d'elles. Ils signeront ces listes, les certifieront et les transmettront, scellées, au siège du gouvernement des États-Unis, à l'adresse du président du Sénat. Celui-ci, en présence du Sénat et de la Chambre des

représentants, ouvrira toutes les listes certifiées, et les suffrages seront alors comptés. La personne qui aura obtenu le plus grand nombre de voix pour la présidence sera président, si ce nombre représente la majorité de tous les électeurs nommés. Si aucune n'a obtenu la majorité nécessaire, la Chambre des représentants choisira immédiatement le président, par scrutin, entre les trois personnes au plus qui auront réuni le plus grand nombre de voix. Mais, pour le choix du président, les voix seront recueillies par État, la représentation de chacun ayant une voix. Le quorum nécessaire à cet effet sera constitué par la présence d'un ou de plusieurs représentants de deux tiers des États, et l'adhésion de la majorité de tous les États devra être acquise pour la validité du choix. Si la Chambre des représentants, quand le droit de choisir lui incombe, ne choisit pas le président avant le quatrième jour de mars suivant, le vice-président agira en qualité de président, de même qu'en cas de décès ou d'autre incapacité constitutionnelle du président. La personne qui réunira le plus grand nombre de voix pour la vice-présidence sera vice-président si ce nombre représente la majorité de tous les électeurs nommés ; si aucune n'a obtenu la majorité nécessaire, le Sénat choisira alors le vice-président entre les deux personnes sur la liste qui auront le plus grand nombre de voix. Le quorum nécessaire à cet effet sera constitué par la présence des deux tiers du nombre total des sénateurs, et l'adhésion de la majorité de tous les sénateurs devra être acquise pour la validité du choix. Mais aucune personne inéligible, de par la Constitution, à la charge de président ne pourra être élue à celle de vice-président des États-Unis.

**20e amendement [1933]**

Section 1. Les mandats du président et du vice-président prendront fin à midi, le vingtième jour de janvier, et les mandats des sénateurs et des représentants, à midi, le troisième jour de janvier des années au cours desquelles ces mandats auraient expiré si le présent article n'avait pas été ratifié; et les mandats de leurs successeurs commenceront à partir de ce moment.

Section 2. Le Congrès s'assemblera au moins une fois par an, et la réunion aura lieu à midi, le troisième jour de janvier, à moins que, par une loi, il ne fixe un jour différent.

Section 3. Si, à la date fixée pour l'entrée en fonctions du président, le président élu est décédé, le vice-président élu deviendra président. Si un président n'a pas été chois i avant la date fixée pour le commencement de son mandat, ou si le président élu ne remplit pas les conditions requises, le vice-président élu fera alors fonction de président jusqu'à ce qu'un président remplisse les conditions requises; et le Congrès pourra, par une loi, pourvoir au cas d'incapacité à la fois du président élu et du vice-président en désignant la personne qui devra alors faire fonction de président, ou la manière de la choisir, et ladite personne agira en cette qualité jusqu'à ce qu'un président ou un vice-président remplisse les conditions requises.

Section 4. Le Congrès pourvoira par une loi au cas de décès de l'une des personnes parmi lesquelles la Chambre des représentants peut choisir un président lorsque le droit de choisir lui incombe, et au cas de décès de l'une des personnes parmi lesquelles le Sénat peut choisir un vice-président lorsque le droit de choisir lui incombe.

Section 5. Les sections 1 et 2 entreront en vigueur le quinzième jour d'octobre qui suivra la ratification du présent article.

Section 6. Le présent article sera inopérant s'il n'est ratifié comme amendement à la Constitution par les législatures des trois quarts des divers États, dans les sept années qui suivront la date de sa soumission.

**22e amendement [1951]**[

Section 1. Nul ne pourra être élu à la présidence plus de deux fois, et quiconque aura rempli la fonction de président, ou agi en tant que président, pendant plus de deux ans d'un mandat pour lequel quelque autre personne était nommée président, ne pourra être élu à la fonction de président plus d'une fois. Mais cet article ne s'appliquera pas à quiconque remplit la fonction de président au moment où cet article a été proposé par le Congrès, et il n'empêchera pas quiconque pouvant remplir la fonction de président, ou agir en tant que président, durant le mandat au cours duquel cet article devient exécutoire, de remplir la fonction de président ou d'agir en tant que président durant le reste de ce mandat.

Section 2. Le présent article ne prendra effet qu'après sa ratification comme amendement à la Constitution par les législatures de trois quarts des différents États dans un délai de sept ans à dater de sa présentation aux États par le Congrès.

**25e amendement [1967]**

Section 1. En cas de destitution, décès ou démission du président, le vice-président deviendra président.

Section 2. En cas de vacance du poste de vice-président, le président nommera un vice-président qui entrera en fonctions dès que sa nomination aura été approuvée par un vote majoritaire des deux Chambres du Congrès.

Section 3. Si le président fait parvenir au président *pro tempore* du Sénat et au président de la Chambre des représentants une déclaration écrite leur faisant connaître son incapacité d'exercer les pouvoirs et de remplir les devoirs de sa charge, et jusqu'au moment où il les avisera par écrit du contraire, ces pouvoirs seront exercés et ces devoirs seront remplis par le vice-président en qualité de président par intérim.

Section 4. Si le vice-président, ainsi qu'une majorité des principaux fonctionnaires des départements exécutifs ou de tel autre organisme désigné par une loi promulguée par le Congrès, font parvenir au président pro tempore du Sénat et au président de la Chambre des représentants une déclaration écrite les avisant que le président est dans l'incapacité d'exercer les pouvoirs et de remplir les devoirs de sa charge, le vice-président assumera immédiatement ces fonctions en qualité de président par intérim. Par la suite, si le président fait parvenir au président pro tempore du Sénat et au président de la Chambre des représentants une déclaration écrite les informant qu'aucune incapacité n'existe, il reprendra ses fonctions, à moins que le vice-président et une majorité des principaux fonctionnaires des départements exécutifs ou de tel autre organisme désigné par une loi promulguée par le Congrès ne fassent parvenir dans les quatre jours au président pro tempore du Sénat et au président de la Chambre des représentants une déclaration écrite affirmant que le président est incapable d'exercer les pouvoirs et de remplir les devoirs de sa charge. Le Congrès devra alors prendre une décision ; s'il ne siège pas, il se réunira dans ce but dans un délai de 48 heures. Si, dans les 21 jours qui suivront la réception par le Congrès de cette dernière déclaration écrite, ou dans les 21 jours qui suivront la date de la réunion du Congrès, si le Congrès n'est pas en session, ce dernier décide par un vote des deux tiers des deux Chambres que le président est incapable d'exercer les pouvoirs et de remplir les devoirs de sa charge, le vice-président continuera à exercer ces fonctions en qualité de président par intérim ; dans le cas contraire, le président reprendra l'exercice desdites fonctions.

# L'Amérique de l'entre-deux

*En 1961, Kennedy succède à Eisenhower. Le discours d'adieu de l'un marque la clôture d'une ère plutôt conservatrice, le discours inaugural de l'autre l'entrée dans la décennie de la contestation, avec comme fil conducteur, la guerre froide et ses conséquences sur le modèle démocratique américain.*

### « Pour que sécurité et liberté puissent prospérer ensemble »

Un élément essentiel pour conserver la paix est notre système militaire. Nos bras doivent être puissants, prêts pour une action instantanée, de sorte qu'aucun agresseur potentiel ne puisse être tenté de risquer sa propre destruction. Notre organisation militaire est aujourd'hui sans rapport avec ce que connurent mes prédécesseurs en temps de paix, ou même les combattants de la Deuxième Guerre mondiale ou de la guerre de Corée. [...]

Nous avons été obligés de créer une industrie d'armement permanente de grande échelle. De plus trois millions et demi d'hommes et de femmes sont directement impliqués dans la défense en tant qu'institution. Nous dépensons chaque année, rien que pour la sécurité militaire, une somme supérieure au revenu net de la totalité des sociétés US.

Cette conjonction d'une immense institution militaire et d'une grande industrie de l'armement est nouvelle dans l'expérience américaine. Son influence totale, économique, politique, spirituelle même, est ressentie dans chaque ville, dans chaque Parlement d'État, dans chaque bureau du Gouvernement fédéral. Nous reconnaissons le besoin impératif de ce développement. Mais nous ne devons pas manquer de comprendre ses graves implications. Notre labeur, nos ressources, nos gagne-pain? tous sont impliqués ; ainsi en va-t-il de la structure même de notre société.

Dans les assemblées du gouvernement, nous devons donc nous garder de toute influence injustifiée, qu'elle ait ou non été sollicitée, exercée par le complexe militaro-industriel. Le risque potentiel d'une désastreuse ascension d'un pouvoir illégitime existe et persistera. Nous ne devons jamais laisser le poids de cette combinaison mettre en danger nos libertés et nos processus démocratiques. Nous ne devrions jamais rien prendre pour argent comptant. Seule une communauté de citoyens prompts à la réaction et bien informés pourra imposer un véritable entrelacement de l'énorme machinerie industrielle et militaire de la défense avec nos méthodes et nos buts pacifiques, pour que sécurité et liberté puissent prospérer ensemble.

Dwight D. Eisenhower
Discours d'adieu, 17 janvier 1961
traduction Pascal Delamaire

### « Ne demandez pas à votre pays ce qu'il peut faire pour vous... »

Partons sur un nouveau pied, en nous rappelant de part et d'autre que la courtoisie n'est pas un signe de faiblesse et que la sincérité est toujours sujette à caution. Ne négocions jamais avec nos peurs. Mais n'ayons jamais peur de négocier.

Que les deux partis explorent les problèmes qui nous unissent au lieu de s'acharner sur les problèmes qui nous divisent.

Que chaque camp formule, pour la première fois, des propositions sérieuses et précises concernant l'inspection et le contrôle des armements, afin de placer le pouvoir absolu de détruire sous le contrôle absolu de toutes les nations.

Que les deux partis cherchent à invoquer les miracles de la science et non ses terreurs. Explorons ensemble les étoiles, conquérons les déserts, éradiquons la maladie, exploitons les profondeurs des océans et encourageons les arts et le commerce.

Que les deux partis s'unissent afin que le commandement d'Isaïe « délier les liens du joug ; renvoyer libres les opprimés » soit appliqué aux quatre coins du monde.

Et si une tête de pont de coopération pouvait repousser la jungle de la suspicion, que les deux partis s'unissent dans une nouvelle tentative, non pas pour un nouvel équilibre du pouvoir, mais pour un nouveau monde de justice où le fort est juste et le faible protégé et la paix préservée.

Nous ne pourrons pas tout faire dans les cent premiers jours. Ni dans les mille premiers jours, ni pendant toute la durée de notre mandat, ni même peut-être pendant toute notre vie sur cette planète. Mais commençons !

C'est dans vos mains, chers concitoyens, davantage que dans les miennes, que repose le succès ou l'échec final de notre ligne de conduite. Depuis la fondation de ce pays, chaque génération d'Américains a été appelée à faire preuve de sa loyauté envers la nation. En témoignent les tombes des jeunes Américains qui ont été appelés sous les drapeaux sur toute la planète.

Les trompettes ont de nouveau retenti – non pas pour appeler à prendre les armes, bien que nous ayons besoin d'armes – non pas pour nous battre, bien que nous soyons engagés dans la bataille –, elles nous appellent pour porter le fardeau d'un long combat nébuleux, année après année, «nous réjouissant dans l'espoir, patient dans l'adversité» – un combat contre l'ennemi commun de l'homme : la tyrannie, la pauvreté, la maladie et la guerre elle-même. Pouvons-nous forger une grande alliance globale contre ces ennemis, le Nord et le Sud, l'Est et l'Ouest, qui puisse assurer une vie plus féconde à toute l'humanité ? Vous joindrez-vous à cet effort historique ?

Dans la longue histoire du monde, il n'a été donné qu'à quelques générations de défendre la paix alors qu'elle était en extrême danger. Je ne me dérobe pas devant cette responsabilité – je l'attends et espère. Je doute que quiconque entre nous accepterait d'échanger sa place contre toute autre personne ou toute autre génération. L'énergie, la foi, la dévotion que nous plaçons dans cet effort éclairera notre pays et tous ceux qui le servent – et l'éclat de ce feu peut littéralement éclairer le monde.

Ainsi donc, mes chers concitoyens américains : ne demandez pas ce que votre pays peut faire pour vous, mais ce que, tous ensemble, nous pouvons faire en faveur de la liberté de l'homme.

Et enfin, que vous soyez citoyens de l'Amérique ou citoyens du monde, demandez-nous ici un esprit de fermeté et de sacrifice à la hauteur de ce que nous attendons de vous. Avec une bonne conscience, notre seule récompense acquise, avec l'histoire, le seul juge final de nos actes, allons de l'avant pour guider notre bien-aimé pays, en demandant la bénédiction et l'aide de Dieu, tout en sachant que le travail de Dieu sur cette terre doit véritablement être le nôtre.

John F. Kennedy
Discours d'investiture, 20 janvier 1961
traduction Didier Debord

# Présidence en danger et hyperprésidence

*De 1974 à 1998, la présidence subit trois grands revers qui vont affaiblir la fonction : le Watergate, la crise Iran/Contra et la mise en accusation de Bill Clinton. Après le 11 Septembre, elle va subir une restauration telle que l'on peut parler d'une « nouvelle présidence impériale », dont l'omnipotence s'illustre dans un mémorandum du ministère de la Justice sur les écoutes téléphoniques.*

## La crise Iran-Contra

*Ronald Reagan n'avait jamais caché sa sympathie pour le mouvement Contra qui luttait contre les Sandinistes au pouvoir au Nicaragua. Mais le Congrès avait légiféré (Amendement Boland, 1982, 1984) pour interdire l'aide financière des États-Unis à des mouvements luttant contre des gouvernements démocratiquement élus. Au Conseil de sécurité nationale, le colonel North invente donc un stratagème par lequel le produit de la vente d'armes à l'Iran, elle-même interdite par un embargo voté par le Congrès, va directement aux Contras. Ici, un extrait du rapport du procureur spécial, Lawrence Walsh, qui enquêta sur une série de faits qui auraient pu valoir à Ronald Reagan la mise en accusation.*

**Résumé de conclusions**

L'enquête, telle que la décrit en détail la section de ce rapport consacré à la Maison-Blanche, n'a mis à jour aucune preuve crédible selon laquelle le Président Reagan aurait violé des dispositions pénales. Le Bureau du Procureur indépendant (BPI) n'a pas pu établir que Reagan a autorisé ou était même au courant du détournement des fonds ou qu'il avait connaissance du contrôle exercé par Oliver North sur le réseau de réapprovisionnement des Contras.

Cependant, le Président a fixé le cadre dans lequel des activités illégales d'autres personnes ont été commises en :

– encourageant et, en termes généraux, en ordonnant un soutien aux Contras dans la période d'octobre 1984 à octobre 1986, lorsque les fonds destinés aux Contras ont été asséchés par l'Amendement Boland.

— autorisant la vente d'armes à l'Iran, en contravention avec l'embargo des États-Unis sur de telles ventes.

Le mépris du Président pour des lois publiques destinées à limiter l'action de l'exécutif à l'extérieur des frontières, spécifiquement l'Amendement Boland, le *Arms Export Control Act* et les exigences juridiques de notification du Congrès par le président pour les opérations secrètes, a créé un climat dans lequel certains des fonctionnaires fédéraux chargés de mettre en œuvre ses politiques se sont sentis suffisamment enhardis pour contourner la loi.

La directive du Président Reagan de maintenir les Contras en vie « corps et âme » pendant la période d'interdiction de l'Amendement Boland a été interprétée par North, qui avait été chargé par McFarlane [conseiller à la Sécurité nationale (1983-1985)] de l'application de la directive, comme une invitation à violer la loi. De même, la décision du Président Reagan en 1985 d'autoriser la vente d'armes en provenance du stock israélien à l'Iran, malgré les avertissements de Weinberger [ministre de la Défense] et Schultz [ministre des Affaires étrangères] selon lesquels de telles transactions pourraient contrevenir à la loi, a ouvert la voie à la décision ultérieure de Poindexter [conseiller à la Sécurité nationale (1985-1986)] d'autoriser le détournement des fonds. Poindexter a déclaré au Congrès que, bien qu'il ait pris la décision de son propre chef et n'en ait pas informé le Président, il pensait que le Président l'aurait approuvée. North quant à lui a déclaré sous serment qu'il pensait que le Président l'avait autorisée. [...]

**Observations et conclusions**

Le rapport conclut avec les observations du Procureur indépendant qui relève que les problèmes de fonctionnement de l'État présentés par le cas Iran/Contra ne proviennent pas des opérations conduites par des éléments voyous incontrôlés mais manifestent plutôt la volonté du pouvoir exécutif d'échapper au contrôle du Congrès. Comme l'établit ce document, résultent des missions contradictoires du ministre de la Justice (à la fois conseiller du Président et en charge de l'application de la loi au plus haut niveau) un conflit d'intérêts irrémédiable dans ce cas de délinquance de l'Exécutif. Le Procureur indépendant observe que le contrôle du Congrès à lui seul ne saura suffire à corriger les déficiences qui se produisent lorsque le ministre de la Justice abandonne ses responsabilités en tant que responsable de l'application de la loi et entreprend de protéger le Président.

Le Procureur indépendant demande au Congrès d'examiner le problème difficile et délicat posé aux enquêtes et aux poursuites par les immunités accordées aux parties principales. Tout en reconnaissant l'importante responsabilité du Congrès à conduire de telles enquêtes sur le fond, il faut reconnaître que de telles immunités accordées aux principales parties dans des affaires à aussi haute visibilité et sensibles interdisent de fait toute poursuite efficace.

Le Procureur indépendant traite aussi du problème de l'application de la loi sur les procédures secrètes (*Classified Information Procedures Act* – CIPA) dans des cas tel l'Iran/Contra dans lesquels la quasi-totalité de l'information est classée secrète. Selon cette loi, le ministre de la Justice jouit d'une discrétion totale pour décider de lever le secret sur des informations nécessaires à la conduite d'un procès, même dans les cas dans lesquels un procureur indépendant a été nommé en raison d'un conflit d'intérêts du ministre de la Justice. Ce pouvoir discrétionnaire n'est pas compatible avec le besoin avéré d'un procureur indépendant, en particulier lorsque des officiers des agences de renseignement responsables du classement de l'information sont l'objet de l'enquête. Ce pouvoir discrétionnaire permet au ministre de la Justice de faire obstacle à pratiquement toute enquête potentiellement gênante qui exige la levée du secret. Le Procureur indépendant suggère que le Ministre de la Justice mette en place des normes qui permettent à la fois un examen indépendant d'une décision de bloquer une enquête portant sur un membre de l'exécutif et un exercice réel du contrôle du Congrès.

Lawrence Walsh
Rapport final sur l'Iran-Contra *
Cour d'appel fédérale du district de Columbia, 4 août 1993

**« Crimes et délits majeurs » : un contraste frappant entre Nixon et Clinton**

*À la fin de l'automne 1998, la commission judiciaire de la Chambre des représentants entend des témoins afin de déterminer les charges à transmettre au Sénat pour le procès en destitution du président Clinton. James Hamilton, ancien conseil de la commission du Congrès qui avait préparé la mise en accusation de Nixon dans l'affaire du Watergate, est entendu pour fixer la barre des « crimes et délits majeurs » contre l'État. Il compare les charges pesant sur Nixon et Clinton.*

Dans mon esprit, le contraste entre la conduite du président Nixon et celle du président Clinton est frappant. La commission a voté la mise en accusation de Nixon pour les cinq abus de pouvoir qui suivent :
– d'abord, pour avoir ordonné aux services fiscaux d'entamer des contrôles et des enquêtes sur les ennemis de Nixon et avoir fourni à ses associés des informations sur ces ennemis au bénéfice politique du Président ;
– ensuite, pour avoir ordonné au FBI et aux Services secrets de se livrer à des écoutes illégales au bénéfice politique du Président, puis pour avoir ordonné au FBI de dissimuler la preuve de l'existence de ces écoutes ;
– troisièmement pour avoir créé une unité spéciale d'enquête, les « plombiers », qui, utilisant les ressources de la CIA et les fonds de campagne, s'est livrée à diverses activités illégales secrètes, incluant le cambriolage du bureau du psychiatre de Daniel Ellsberg [le fonctionnaire du ministère de la Défense qui a transmis au *Washington Post* les célèbres Dossiers du Pentagone] ;
– quatrièmement, pour avoir autorisé des conduites qui ont fait obstacle aux enquêtes sur le cambriolage du quartier général du Parti démocrate, pour avoir permis les dissimulations et autres délits qui s'ensuivirent ;
– cinquièmement pour avoir fait obstacle au FBI, à la Division criminelle et au Procureur spécial sur le Watergate pour son avantage personnel. Ces interventions incluaient le licenciement du Procureur spécial Cox et ses tentatives de supprimer le Bureau du procureur spécial de manière à étouffer son enquête.

Monsieur le Président de la Commission, il a été justement estimé que cette conduite constituait le titre de « crimes et délits majeurs » qui justifiait la mise en accusation. Pour employer les termes de George Mason, un des Pères fondateurs, qui a proposé l'expression de « crimes et délits majeurs », la conduite de Nixon constituait un délit majeur et grave contre l'État qui était l'équivalent d'une tentative de subversion de la Constitution.

La notion de délits graves et dangereux contre l'État représente l'essence de ce qu'un délit passible de mise en accusation devrait être. Pour citer Alexander Hamilton, « il doit être relié directement à un dommage contre la société elle-même. Un président ne devrait pas être mis en accusation pour le soumettre à une punition, mais pour protéger l'État et la société contre des délits graves et dangereux qui pourraient se reproduire si le président était autorisé à rester en fonction ».

Avec tout le respect que je vous dois, j'affirme que les abus dont le président Clinton est soupçonné ne montrent pas qu'il représente un danger pour la Nation. Il est honteux de mentir au public et aux membres de son gouvernement, mais si nous devions mettre en accusation tous les fonctionnaires qui mentent sur des questions personnelles ou officielles, je crains que les bâtiments publics ne soient sérieusement désertés.

D'autres présidents, par exemple Lyndon Johnson sur la question du Vietnam, n'ont pas été parfaitement francs dans leurs déclarations publiques et privées. Il doit exister un niveau d'exigence plus élevé pour la mise en accusation. Il est vrai que l'article I de la résolution de mise en accusation contre Nixon l'accusait d'avoir induit en erreur le public sur la portée de l'enquête de son administration sur les délits associés au Watergate et sur la non-implication de personnels de l'administration et de son organisation de campagne dans ces délits. Mais ces affirmations impliquaient des déclarations mensongères sur des actes officiels et faisaient partie d'une dissimulation massive de méfaits de l'État.

Cela est très différent de déclarations mensongères sur une conduite sexuelle entre adultes consentants. L'affirmation selon laquelle le rejet par le grand jury de la demande de privilège de l'exécutif constitue un délit passible de mise en accusation me paraît extraordinairement faible. Le président a agi ainsi sur la recommandation de son conseil et la cour fédérale de première instance a reconnu que les conversations du président bénéficiaient de la présomption de secret, même si par ailleurs elle juge que les besoins du système judiciaire primaient sur la demande de protection du secret des conversations présidentielles.

À aucun moment la Cour n'a suggéré que la demande d'application du privilège de l'exécutif avait été faite de mauvaise foi. Perdre dans un débat sur l'application du privilège de l'exécutif ne constitue pas un délit passible de destitution.

James Hamilton, devant la commission judiciaire de la Chambre des représentants dans le cadre de la mise en accusation de Bill Clinton, le 9 décembre 1998 *

## Procès en destitution du président William Jefferson Clinton

*Malgré les admonestations de Hamilton, une étroite majorité partisane à la Chambre des représentants décide de retenir deux motifs de mise en accusation contre Bill Cinton, parjure et obstruction à la justice. Extrait des articles d'accusation.*

Résolu que William Jefferson Clinton, Président des États-Unis, est mis en accusation pour haute trahison et autres délits et que les articles d'accusation qui suivent soient présentés au Sénat.

Article I
Dans ses agissements en tant que président des États-Unis, William Jefferson Clinton, en violation de son serment constitutionnel de remplir fidèlement les charges de Président des États-Unis et, au mieux de ses possibilités, de sauvegarder, protéger et défendre la Constitution des États-Unis, et en violation de son devoir constitutionnel de veiller à la fidèle exécution des lois, a délibérément corrompu et manipulé le processus judiciaire américain pour des motifs de gain personnel et d'exonération, faisant obstacle au cours normal de la justice de la manière qui suit :

le 17 août 1998, William Jefferson Clinton a juré de dire la vérité, toute la vérité et rien que la vérité devant un Grand jury fédéral. En violation de ce serment, William Jefferson Clinton a délibérément fourni au grand jury un faux témoignage tendancieux et trompeur sur les points suivants :

1/ la nature et les détails de sa relation avec une employée subalterne de l'administration ;

2/ un précédent faux témoignage

trompeur dans une procédure civile intentée contre lui devant un tribunal fédéral ;

3/ de précédentes fausses déclarations trompeuses qu'il a autorisé son conseil à faire à un juge fédéral dans cette même procédure civile ;

4/ ses tentatives de corruption de témoignages et d'obstruction à la découverte de la vérité dans cette même procédure civile.

Par ces faits, William Jefferson Clinton a mis en danger l'intégrité de ses fonctions, a attenté à la bonne réputation de la présidence, a trahi la confiance accordée au président, et a agi dans le but de subvertir la règle de droit et la justice, au détriment manifeste du peuple des États-Unis.

En foi de quoi, William Jefferson Clinton, de par sa conduite, est passible de mise en accusation et de procès, de destitution et d'interdiction d'occuper ou de jouir de toute fonction d'honneur, de confiance ou d'intérêt dépendant des États-Unis.

Article II

Dans ses agissements en tant que président des États-Unis, William Jefferson Clinton [...] a empêché, fait obstacle et obstruction à la bonne marche de la justice et a, dans cet objectif, personnellement et par l'intermédiaire de ses agents et subordonnés, mis en œuvre un projet ou un dessein destiné à retarder, faire obstacle, dissimuler ou faire disparaître l'existence de preuves et de témoignages relatifs à une plainte au civil initiée à son encontre devant un tribunal fédéral dans une procédure normale régulièrement instituée.

Newt Gingrich, président de la Chambre des représentants, 19 décembre 1998 *

*La destitution ne fut pas votée par le Sénat et donc le président Clinton acquitté à la suite d'un vote de 50 voix pour, 50 voix contre.*

**L'hyperprésidence**

*Très vite après le 11 Septembre, le président Bush décide de contourner le tribunal qui doit, selon le* Foreign Intelligence Surveillance Act *de 1978, autoriser les écoutes téléphoniques d'individus suspectés de participer à une entreprise terroriste. Il en charge la National Security Agency au nom de ses pouvoirs de chef des armées. Fin 2005, le* New York Times *révèle l'existence de ces pratiques à la légalité contestable. Dans un mémorandum, le ministère de la Justice défend la constitutionnalité des écoutes au nom d'une vision extraordinairement large du pouvoir exécutif.*

Les activités de la National Security Agency (NSA) sont un aspect indispensable de la défense de la Nation. En ciblant les communications internationales de et vers les États-Unis de personnes raisonnablement suspectées d'être liées à Al Quaeda, ces activités donnent aux États-Unis un système d'alerte anticipé qui permet d'aider à éviter la prochaine attaque. Pour les raisons qui suivent, les activités de la NSA sont légales et en conformité avec les libertés civiles.

Les activités de la NSA sont fondées sur l'autorité constitutionnelle inhérente du président en tant que Chef des armées et seul organe de la Nation dans le domaine des relations extérieures, une autorité que nul ne conteste, à entreprendre, sans l'obtention préalable d'un mandat judiciaire, la surveillance des forces ennemies en vue d'obtenir des renseignements pour identifier et prévenir des actes d'agression armée contre les États-Unis. Le Président, selon la Constitution, a pour responsabilité première de protéger les États-Unis de telles agressions, et la Constitution donne au président l'autorité nécessaire pour remplir cette responsabilité solennelle. Le Président a très clairement annoncé qu'il utiliserait toute l'autorité dont il dispose, en conformité avec la Constitution, pour protéger le peuple américain.

Dans le contexte spécifique du conflit armé en cours avec Al Quaeda et d'autres organisations terroristes alliées, le Congrès a confirmé et complété par la loi l'autorité reconnue du Président selon l'article II de la Constitution d'entreprendre une surveillance sans mandat judiciaire préalable de manière à empêcher toute autre attaque catastrophique sur le territoire national. Dans sa première réponse législative aux attaques terroristes du 11 septembre, le Congrès a autorisé le Président à « user de toute la force nécessaire et appropriée contre des nations, des organisations, ou des personnes dont il aura établi qu'elles avaient planifié, autorisé, commis ou facilité les attaques terroristes » du 11 septembre, de manière à « prévenir toute autre agression terroriste internationale future contre les États-Unis. » […]

L'histoire montre de manière irréfutable que la surveillance sans mandat judiciaire préalable des communications de l'ennemi en période de conflit armé est une incidente naturelle et fondamentale de l'utilisation de la force telle que décrite par l'AUFM (Autorisation d'utiliser la force militaire). L'interprétation que donne la Cour suprême des États-Unis de l'AUFM dans *Hamdi v. Rumsfeld* (542 U.S. 507, 2004) confirme que le Congrès dans l'AUFM a expressément donné son consentement au conflit militaire contre Al Quaeda et ses alliés et, partant, à l'utilisation par le Président de toutes les incidentes traditionnelles et reconnues de la force dans ce conflit militaire – ce qui inclut la surveillance électronique sans mandat judiciaire préalable pour intercepter les communications de l'ennemi sur le territoire national et à l'extérieur. Cette lecture de l'AUFM prouve le soutien apporté par le Congrès à l'autorité du Président de protéger la Nation et se conforme à l'avertissement de la Juge O'Connor dans l'affaire *Hamdi*, selon lequel « un état de guerre n'est pas un chèque en blanc donné au Président ».

L'AUFM place le Président au zénith de ses pouvoirs lorsqu'elle autorise les activités de la NSA. Selon le système tripartite avancé par le juge Jackson dans *Youngstown Sheet & Tube v. Sawyer* (343 U.S. 579, 1952), l'autorité du Président doit être analysée pour déterminer s'il agit suite à une autorisation du Congrès (catégorie I), en l'absence d'une délégation ou d'un refus de délégation de pouvoir du Congrès (catégorie II), ou s'il agit de sa propre autorité constitutionnelle pour prendre des décisions incompatibles avec les mesures du Congrès (catégorie III). En raison du caractère très étendu de l'AUFM, la décision du Président appartient à la catégorie I du cadre fixé par le Juge Jackson. Il en découle que les pouvoirs du Président d'autoriser les activités de la NSA sont à leur plus fort puisque le Président a agi « à la suite d'une autorisation expresse ou implicite du Congrès » et que ses pouvoirs « incluent tout ce qu'il possède de sa propre autorité constitutionnelle plus tout ce que le Congrès peut déléguer ».

Mémorandum du ministère de la Justice *
Washington D. C., 19 janvier 2006
*Textes traduits par l'auteur

## PRÉSIDENTS ET VICE-PRÉSIDENTS DES ÉTATS-UNIS

| | **Président** / Vice-président | **Dates** / Dates |
|---|---|---|
| **1.** | **George Washington** | **1789-1797** |
| | John Adams | 1789-1797 |
| **2.** | **John Adams** | **1797-1801** |
| | Thomas Jefferson | 1797-1801 |
| **3.** | **Thomas Jefferson** | **1801-1809** |
| | Aaron Burr | 1801-1805 |
| | George Clinton | 1809-1813 |
| **4.** | **James Madison** | **1809-1817** |
| | George Clinton | 1809-1813 |
| | Elbridge Gerry | 1813-1817 |
| **5.** | **James Monroe** | **1817-1825** |
| | Daniel Tompkins | 1817-1825 |
| **6.** | **John Quincy Adams** | **1825-1829** |
| | John C. Calhoun | 1825-1829 |
| **7.** | **Andrew Jackson** | **1829-1837** |
| | John C. Calhoun | 1829-1833 |
| | Martin Van Buren | 1833-1837 |
| **8.** | **Martin Van Buren** | **1837-1841** |
| | Richard M. Johnson | 1837-1841 |
| **9.** | **William H. Harrison** | **1841** |
| | John Tyler | 1841 |
| **10.** | **John Tyler** | **1841-1845** |
| | Aucun vice-président | |
| **11.** | **James K. Polk** | **1845-1849** |
| | George M. Dallas | 1845-1849 |
| **12.** | **Zachary Taylor** | **1849-1850** |
| | Millard Fillmore | 1849-1850 |
| **13.** | **Millard Fillmore** | **1850-1853** |
| | Aucun vice-président | |
| **14.** | **Franklin Pierce** | **1853-1857** |
| | William R. King | 1853-1857 |
| **15.** | **James Buchanan** | **1857-1861** |
| | John C. Breckinridge | 1857-1861 |
| **16.** | **Abraham Lincoln** | **1861-1865** |
| | Hannibal Hamlin | 1861-1865 |
| | Andrew Johnson | 1865 |
| **17.** | **Andrew Johnson** | **1865-1869** |
| | Aucun vice-président | |
| **18.** | **Ulysses S. Grant** | **1869-1877** |
| | Schuyler Colfax | 1869-1873 |
| | Henry Wilson | 1873-1877 |
| **19.** | **Rutherford B. Hayes** | **1877-1881** |
| | William A. Wheeler | 1877-1881 |
| **20.** | **James A. Garfield** | **1881** |
| | Chester A. Arthur | 1881 |
| **21.** | **Chester A. Arthur** | **1881-1885** |
| | Aucun vice-président | |
| **22.** | **Grover Cleveland** | **1885-1889** |
| | Thomas A. Hendricks | 1885-1889 |
| **23.** | **Benjamin Harrison** | **1889-1893** |
| | Levi P. Morton | 1889-1893 |
| **24.** | **Grover Cleveland** | **1893-1897** |
| | Adlai E. Stevenson | 1893-1897 |
| **25.** | **William McKinley** | **1897-1901** |
| | Garret A. Hobart | 1897-1901 |
| | Theodore Roosevelt | 1901 |
| **26.** | **Theodore Roosevelt** | **1901-1909** |
| | Charles Fairbanks | 1905-1909 |
| **27.** | **William H. Taft** | **1909-1913** |
| | James S. Sherman | 1909-1913 |
| **28.** | **Woodrow Wilson** | **1913-1921** |
| | Thomas R. Marshall | 1913-1921 |
| **29.** | **Warren G. Harding** | **1921-1923** |
| | Calvin Coolidge | 1921-1923 |
| **30.** | **Calvin Coolidge** | **1923-1929** |
| | Charles G. Dawes | 1925-1929 |
| **31.** | **Herbert C. Hoover** | **1929-1933** |
| | Charles Curtis | 1929-1933 |
| **32.** | **Franklin D. Roosevelt** | **1933-1945** |
| | John N. Garner | 1933-1941 |
| | Henry A. Wallace | 1941-1945 |
| | Harry S. Truman | 1945 |
| **33.** | **Harry S. Truman** | **1945-1953** |
| | Alben W. Barkley | 1949-1953 |
| **34.** | **Dwight D. Eisenhower** | **1953-1961** |
| | Richard M. Nixon | 1953-1961 |
| **35.** | **John F. Kennedy** | **1961-1963** |
| | Lyndon B. Johnson | 1961-1963 |
| **36.** | **Lyndon B. Johnson** | **1963-1969** |
| | Hubert H. Humphrey | 1965-1969 |
| **37.** | **Richard M. Nixon** | **1969-1974** |
| | Spiro T. Agnew | 1969-1973 |
| | Gerald R. Ford | 1973-1974 |
| **38.** | **Gerald R. Ford** | **1974-1977** |
| | Nelson A. Rockfeller | 1974-1977 |
| **39.** | **James E. Carter** | **1977-1981** |
| | Walter F. Mondale | 1977-1981 |
| **40.** | **Ronald W. Reagan** | **1981-1989** |
| | George H. W. Bush | 1981-1989 |
| **41.** | **George H. W. Bush** | **1989-1993** |
| | J. Danforth Quayle | 1989-1993 |
| **42.** | **William C. Clinton** | **1993-2001** |
| | Albert Gore | 1993-2001 |
| **43.** | **George W. Bush** | **2001-2009** |
| | Dick Cheney | 2001-2009 |

## LES ÉLECTIONS PRÉSIDENTIELLES AMÉRICAINES DEPUIS 1789

| Année | Nbre d'États | Candidats | Parti | Suffrage électoral | % | Collège électoral | Participation (en %) |
|---|---|---|---|---|---|---|---|
| **1789** | 10 | **George Washington** | sans parti | – | – | 69 | – |
| | | John Adams | sans parti | – | – | 35 | |
| | | Autres candidats | | – | – | 35 | |
| **1792** | 15 | **George Washington** | sans parti | – | – | 132 | – |
| | | John Adams | sans parti | – | – | 77 | |
| | | George Clinton | sans parti | – | – | 50 | |
| | | Autres candidats | | – | – | 5 | |
| **1796** | 16 | **John Adams** | Fédéraliste | – | – | 71 | – |
| | | Thomas Jefferson | Démocrate-républicain | – | – | 68 | |
| | | Thomas Pinckney | Fédéraliste | – | – | 59 | |
| | | Aaron Bur | Démocrate-républicain | – | – | 30 | |
| | | Autres candidats | | – | – | 48 | |
| **1800** | 16 | **Thomas Jefferson** | Démocrate-républicain | – | – | 73 | – |
| | | Aaron Bur | Démocrate-républicain | – | – | 73 | |
| | | John Adams | Fédéraliste | – | – | 65 | |
| | | Charles C. Pinckney | Fédéraliste | – | – | 64 | |
| | | John Jay | Fédéraliste | – | – | 1 | |
| **1804** | 17 | **Thomas Jefferson** | Démocrate-républicain | – | – | 162 | – |
| | | Charles C. Pinckney | Fédéraliste | – | – | 14 | |
| **1808** | 17 | **James Madison** | Démocrate-républicain | – | – | 122 | – |
| | | Charles C. Pinckney | Fédéraliste | – | – | 47 | |
| | | George Clinton | Démocrate républicain | – | – | 6 | |
| **1812** | 18 | **James Madison** | Démocrate-républicain | – | – | 128 | – |
| | | DeWitt Clinton | Fédéraliste | – | – | 89 | |
| **1816** | 19 | **James Monroe** | Démocrate-républicain | – | – | 183 | – |
| | | Rufus King | Fédéraliste | – | – | 34 | |
| **1820** | 24 | **James Monroe** | Démocrate-républicain | – | – | 231 | – |
| | | John Quincy Adams | Indépendant-républicain | – | – | 1 | |
| **1824** | 24 | **John Quincy Adams** | Démocrate-républicain | 104740 | 30,5 | 84 | 26,9 |

| Année | Nbre d'États | Candidats | Parti | Suffrage electoral | % | Collège électoral | Participation (en %) |
|---|---|---|---|---|---|---|---|
| | | Andrew Jackson | Démocrate-républicain | 153 544 | 43,1 | 99 | |
| | | Henry Clay | Démocrate-républicain | 47 136 | 13,2 | 37 | |
| | | William H. Crawford | Démocrate | 46 618 | 13,1 | 41 | |
| **1828** | 24 | **Andrew Jackson** | Démocrate | 647 286 | 56,0 | 178 | 57,6 |
| | | John Quincy Adams | National-républicain | 508 064 | 44,0 | 83 | |
| **1832** | 24 | **Andrew Jackson** | Démocrate | 701 780 | 54,2 | 219 | 55,4 |
| | | Henry Clay | National-républicain | 484 025 | 37,4 | 49 | |
| | | Autres candidats | | 107 988 | 8,0 | 18 | |
| **1836** | 26 | **Martin Van Buren** | Démocrate | 764 176 | 50,8 | 170 | 57,8 |
| | | William H. Harrison | Whig | 550 816 | 36,6 | 73 | |
| | | Hugh L. White | Whig | 146 107 | 9,7 | 26 | |
| **1840** | 26 | **William H. Harrison** | Whig | 1 274 624 | 53,1 | 234 | 80,2 |
| | | Martin Van Buren | Démocrate | 1 127 781 | 46,9 | 60 | |
| **1844** | 26 | **James K. Polk** | Démocrate | 1 338 464 | 49,6 | 170 | 78,9 |
| | | Henry Clay | Whig | 1 300 097 | 48,1 | 105 | |
| | | James G. Birney | Liberté | 62 300 | 2,3 | | |
| **1848** | 30 | **Zachary Taylor** | Whig | 1 360 967 | 47,4 | 163 | 72,7 |
| | | Lewis Cass | Démocrate | 1 222 342 | 42,5 | 127 | |
| | | Martin Van Buren | Free Soil | 291 263 | 10,1 | | |
| **1852** | 31 | **Franklin Pierce** | Démocrate | 1 601 117 | 50,9 | 254 | 69,6 |
| | | Winfield Scott | Whig | 1 385 453 | 44,1 | 42 | |
| | | John P. Hale | Free Soil | 155 825 | 5,0 | | |
| **1856** | 31 | **James Buchanan** | Démocrate | 1 832 955 | 45,3 | 174 | 78,9 |
| | | John C. Frémont | Républicain | 1 339 932 | 33,1 | 114 | |
| | | Millard Fillmore | Américain | 871 731 | 21,6 | 8 | |
| **1860** | 33 | **Abraham Lincoln** | Républicain | 1 865 593 | 39,8 | 180 | 81,2 |
| | | Stephen A. Douglas | Démocrate | 1 382 713 | 29,5 | 12 | |
| | | John C. Breckinridge | Démocrate | 848 356 | 18,1 | 72 | |
| | | John Bell | Union pour la Constitution | 592 906 | 12,6 | 39 | |
| **1864** | 36 | **Abraham Lincoln** | Républicain | 2 206 938 | 55,0 | 212 | 73,8 |
| | | George B. McClellan | Démocrate | 1 803 787 | 45,0 | 21 | |
| **1868** | 37 | **Ulysses S. Grant** | Républicain | 3 013 421 | 52,7 | 214 | 78,1 |
| | | Horatio Seymour | Démocrate | 2 706 829 | 47,3 | 80 | |

| Année | Nbre d'États | Candidats | Parti | Suffrage électoral | % | Collège électoral | Participation (en %) |
|---|---|---|---|---|---|---|---|
| **1872** | 37 | **Ulysses S. Grant** | Républicain | 3 596 745 | 55,6 | 286 | 71,3 |
| | | Horace Greeley | Démocrate | 2 843 446 | 43,9 | | |
| **1876** | 38 | **Rutherford B. Hayes** | Républicain | 4 036 572 | 48,0 | 185 | 81,8 |
| | | Samuel J. Tilden | Démocrate | 4 284 020 | 51,0 | 184 | |
| **1880** | 38 | **James A. Garfield** | Républicain | 4 452 295 | 48,5 | 214 | 79,4 |
| | | Winfield S. Hancock | Démocrate | 4 414 082 | 48,1 | 155 | |
| | | James B. Weaver | Greenback-Labor | 308 578 | 3,4 | | |
| **1884** | 38 | **Grover Cleveland** | Démocrate | 4 879 507 | 48,5 | 219 | 77,5 |
| | | James G. Blaine | Républicain | 4 850 293 | 48,2 | 182 | |
| | | Benjamin F. Butler | Greenback-Labor | 175 370 | 1,8 | | |
| | | John P. St. John | Prohibition | 150 369 | 1,5 | | |
| **1888** | 38 | **Benjamin Harrison** | Républicain | 5 447 129 | 47,9 | 233 | 79,3 |
| | | Grover Cleveland | Démocrate | 5 537 857 | 48,6 | 168 | |
| | | Clinton B. Fisk | Prohibition | 249 506 | 2,2 | | |
| | | Anson J. Streeter | Union Labor | 146 935 | 1,3 | | |
| **1892** | 44 | **Grover Cleveland** | Démocrate | 5 555 426 | 46,1 | 277 | 74,7 |
| | | Benjamin Harrison | Républicain | 5 182 690 | 43,0 | 145 | |
| | | James B. Weaver | People | 1 029 846 | 8,5 | 22 | |
| | | John Bidwell | Prohibition | 264 133 | 2,2 | | |
| **1896** | 45 | **William McKinley** | Républicain | 7 102 246 | 51,1 | 271 | 79,3 |
| | | William J. Bryan | Démocrate | 6 492 559 | 47,7 | 176 | |
| **1900** | 45 | **William McKinley** | Républicain | 7 218 491 | 51,7 | 292 | 73,2 |
| | | William J. Bryan | Démocrate populiste | 6 356 734 | 45,5 | 155 | |
| | | John C. Wooley | Prohibition | 208 914 | 1,5 | | |
| **1904** | 45 | **Theodore Roosevelt** | Républicain | 7 628 461 | 57,4 | 336 | 65,2 |
| | | Alton B. Parker | Démocrate | 5 084 223 | 37,6 | 140 | |
| | | Eugene V. Debs | Socialiste | 402 283 | 3,0 | | |
| | | Silas C. Swallow | Prohibition | 258 536 | 1,9 | | |
| **1908** | 46 | **William H. Taft** | Républicain | 7 675 320 | 51,6 | 321 | 65,4 |
| | | William J. Bryan | Démocrate | 6 412 294 | 43,1 | 162 | |
| | | Eugene V. Debs | Socialiste | 420 793 | 2,8 | | |
| | | Eugene W. Chafin | Prohibition | 253 840 | 1,7 | | |
| **1912** | 48 | **Woodrow Wilson** | Démocrate | 6 296 547 | 41,9 | 435 | 58,8 |
| | | Theodore Roosevelt | Progressiste | 4 118 571 | 27,4 | 88 | |
| | | William H. Taft | Républicain | 3 486 720 | 23,2 | 8 | |
| | | Eugene V. Debs | Socialiste | 900 672 | 6,0 | | |
| | | Eugene W. Chafin | Prohibition | 206 275 | 1,4 | | |

| Année | Nbre d'États | Candidats | Parti | Suffrage électoral | % | Collège électoral | Participation (en %) |
|---|---|---|---|---|---|---|---|
| **1916** | 48 | **Woodrow Wilson** | Démocrate | 9 127 695 | 49,4 | 277 | 61,6 |
| | | Charles E. Hughes | Républicain | 8 533 507 | 46,2 | 254 | |
| | | A. L. Benson | Socialiste | 585 113 | 3,2 | | |
| | | J. Frank Hanly | Prohibition | 220 506 | 1,2 | | |
| **1920** | 48 | **Warren G. Harding** | Républicain | 16 143 407 | 60,4 | 404 | 49,2 |
| | | James M. Cox | Démocrate | 9 130 328 | 34,2 | 127 | |
| | | Eugene V. Debs | Socialiste | 919 799 | 3,4 | | |
| | | P. P. Christensen | Farmer-Labor | 265 411 | 1,0 | | |
| **1924** | 48 | **John Calvin Coolidge** | Républicain | 15 718 211 | 54,0 | 382 | 48,9 |
| | | John W. Davis | Démocrate | 8 385 283 | 28,8 | 136 | |
| | | Robert M. La Follette | Progressiste | 4 831 289 | 16,6 | 13 | |
| **1928** | 48 | **Herbert C. Hoover** | Républicain | 21 391 993 | 58,2 | 444 | 56,9 |
| | | Alfred E. Smith | Démocrate | 15 015 169 | 49,0 | 87 | |
| **1932** | 48 | **Franklin D. Roosevelt** | Démocrate | 22 809 618 | 57,4 | 472 | 56,9 |
| | | Herbert C. Hoover | Républicain | 15 758 901 | 39,7 | 59 | |
| | | Norman Thomas | Socialiste | 881 951 | 2,2 | | |
| **1936** | 48 | **Franklin D. Roosevelt** | Démocrate | 27 752 869 | 60,8 | 523 | 61,0 |
| | | Alfred M. Landon | Républicain | 16 674 665 | 36,5 | 8 | |
| | | William Lemke | Union | 882 479 | 1,9 | | |
| **1940** | 48 | **Franklin D. Roosevelt** | Démocrate | 27 307 819 | 54,8 | 449 | 62,5 |
| | | Wendell L. Wilkie | Républicain | 22 321 018 | 44,8 | 82 | |
| **1944** | 48 | **Franklin D. Roosevelt** | Démocrate | 25 606 585 | 53,5 | 432 | 55,9 |
| | | Thomas E. Dewey | Républicain | 22 014 745 | 46,0 | 99 | |
| **1948** | 48 | **Harry S. Truman** | Démocrate | 24 179 345 | 49,6 | 303 | 53,0 |
| | | Thomas E. Dewey | Républicain | 21 992 291 | 45,1 | 189 | |
| | | J. Strom Thurmond | Droits des États | 1 176 125 | 2,4 | 39 | |
| | | Henry A. Wallace | Progressiste | 1 157 326 | 2,4 | | |
| **1952** | 48 | **Dwight D. Eisenhower** | Républicain | 33 936 234 | 55,1 | 442 | 63,3 |
| | | Adlai E. Stevenson | Démocrate | 27 314 992 | 44,4 | 89 | |
| **1956** | 48 | **Dwight D. Eisenhower** | Républicain | 35 590 472 | 57,6 | 457 | 60,6 |
| | | Adlai E. Stevenson | Démocrate | 26 022 752 | 42,1 | 73 | |
| **1960** | 50 | **John F. Kennedy** | Démocrate | 34 226 731 | 49,7 | 303 | 62,8 |
| | | Richard M. Nixon | Républicain | 34 108 157 | 49,5 | 219 | |
| **1964** | 50 | **Lyndon B. Johnson** | Démocrate | 43 129 566 | 61,1 | 486 | 61,7 |
| | | Barry M. Goldwater | Républicain | 27 178 188 | 38,5 | 52 | |
| **1968** | 50 | **Richard M. Nixon** | Républicain | 31 785 480 | 43,4 | 301 | 60,6 |
| | | Hubert H. Humphrey | Démocrate | 31 275 166 | 42,7 | 191 | |

| Année | Nbre d'États | Candidats | Parti | Suffrage électoral | % | Collège électoral | Participation (en %) |
|---|---|---|---|---|---|---|---|
| | | George C. Wallace | Américain- | 9906473 | 13,5 | 46 | |
| **1972** | 50 | **Richard M. Nixon** | Républicain | 47169911 | 60,7 | 520 | 55,2 |
| | | Georg S. McGovern | Démocrate | 29170383 | 37,5 | 17 | |
| | | John G. Schmitz | Américain | 1099482 | 1,4 | | |
| **1976** | 50 | **James E. Carter** | Démocrate | 40830763 | 50,1 | 297 | 53,5 |
| | | Gerald R. Ford | Républicain | 39147793 | 48,0 | 240 | |
| **1980** | 50 | **Ronald W. Reagan** | Républicain | 43904153 | 50,7 | 489 | 52,6 |
| | | James E. Carter | Démocrate | 35483883 | 41,0 | 49 | |
| | | John B. Anderson | Indépendant | 5720060 | 6,6 | | |
| | | Ed Clarck | Libertaire | 921299 | 1,1 | | |
| **1984** | 50 | **Ronald W. Reagan** | Républicain | 54455075 | 58,8 | 525 | 53,3 |
| | | Walter F. Mondale | Démocrate | 37577185 | 46,0 | 13 | |
| **1988** | 50 | **George H. W. Bush** | Républicain | 48886097 | 53,4 | 426 | 50,1 |
| | | Michael S. Dukakis | Démocrate | 41809074 | 45,6 | 111 | |
| **1992** | 50 | **William J. Clinton** | Démocrate | 44909326 | 43,0 | 370 | 55,2 |
| | | George H. W. Bush | Républicain | 39103882 | 37,4 | 168 | |
| | | H. Ross Perot | Indépendant | 19741048 | 18,9 | | |
| **1996** | 50 | **William J. Clinton** | Démocrate | 47402357 | 49,2 | 379 | 49,1 |
| | | Robert J. Dole | Républicain | 39196755 | 40,7 | 159 | |
| | | H. Ross Perot | Réformiste | 8085402 | 8,4 | | |
| | | Ralph Nader | Verts/ indépendant | 684902 | 0,7 | | |
| **2000** | 50 | **George W. Bush** | Républicain | 50456002 | 47,9 | 271 | 51,3 |
| | | Al Gore | Démocrate | 50999897 | 48,4 | 266 | |
| **2004** | 50 | **George W. Bush** | Républicain | 62040610 | 51,2 | 286 | 55,3 |
| | | John Kerry | Démocrate | 59028444 | 48,3 | 251 | |

## LA COUR SUPRÊME EN 2008 : NOMINATIONS PRÉSIDENTIELLES

**John G. Roberts Jr.**
Président, nommé par George W. Bush en 2005

**John Paul Stevens**
Juge, nommé par Gerald Ford en 1975

**Antonin Scalia**
Juge, nommé par Ronald Reagan en 1986

**Anthony Kennedy**
Juge, nommé par Ronald Reagan en 1988

**David Souter**
Juge, nommé par George H. W. Bush en 1990

**Clarence Thomas**
Juge, nommé par George H. W. Bush en 1991

**Ruth Bader Ginsburg**
Juge, nommée par Bill Clinton en 1993

**Stephen Breyer**
Juge, nommé par Bill Clinton en 1994

**Samuel Alito**
Juge, nommé par George W. Bush en 2006

## LES VETOS PRÉSIDENTIELS DE 1789 À 2008

| Président | Congrès | Vetos ordinaires | Vetos de poche | Total | Vetos surmontés |
|---|---|---|---|---|---|
| **G. Washington** (1789-1797) | 1er-4e | 2 | – | 2 | – |
| **J. Adams** (1797-1801) | 5e-6e | – | – | – | – |
| **T. Jefferson** (1801-1809) | 7e-10e | – | – | – | – |
| **J. Madison** (1809-1817) | 11e-14e | 5 | 2 | 7 | – |
| **J. Monroe** (1817-1825) | 15e-18e | 1 | – | 1 | – |
| **J. Q. Adams** (1825-1829) | 19e-20e | – | – | – | – |
| **A. Jackson** (1829-1837) | 21e-24e | 5 | 7 | 12 | – |
| **M. Van Buren** (1837-1841) | 25e-26e | – | 1 | 1 | – |
| **W. H. Harrison** (1841) | 27e | – | – | – | – |
| **J. Tyler** (1841-1845) | 27e-28e | 6 | 4 | 10 | 1 |
| **J. K. Polk** (1845-1849) | 29e-30e | 2 | 1 | 3 | – |
| **Z. Taylor** (1849-1850) | 31e | – | – | – | – |
| **M. Fillmore** (1850-1853) | 31e-32e | – | – | – | – |
| **F. Pierce** (1853-1857) | 33e-34e | 9 | – | 9 | – |
| **J. Buchanan** (1857-1861) | 35e-36e | 4 | 3 | 7 | – |
| **A. Lincoln** (1861-1865) | 37e-39e | 2 | 5 | 7 | – |
| **A. Johnson** (1865-1869) | 39e-40e | 21 | 8 | 29 | 15 |
| **U. S. Grant** (1869-1877) | 41e-44e | 45 | 48 | 93 | 4 |
| **R. B. Hayes** (1877-1881) | 45e-46e | 12 | 1 | 13 | 1 |
| **J. A. Garfield** (1881) | 47e | – | – | – | – |
| **C. A. Arthur** (1881-1885) | 47e-48e | 4 | 8 | 12 | 1 |
| **St. G. Cleveland** (1885-1889) | 49e-50e | 304 | 110 | 414 | 2 |
| **B. Harrison** (1889-1893) | 51e-52e | 19 | 25 | 44 | 1 |
| **G. Cleveland** (1893-1897) | 53e-54e | 42 | 128 | 170 | 5 |
| **W. McKinley** (1897-1901) | 55e-57e | 6 | 36 | 42 | – |
| **T. Roosevelt** (1901-1909) | 57e-60e | 42 | 40 | 82 | 1 |
| **W. H. Taft** (1909-1913) | 61e-62e | 30 | 9 | 39 | 1 |
| **W. Wilson** (1913-1921) | 63e-66e | 33 | 11 | 44 | 6 |
| **W. G. Harding** (1921-1923) | 67e | 5 | 1 | 6 | – |
| **J. C. Coolidge** (1923-1929) | 68e-70e | 20 | 30 | 50 | 4 |
| **H. C. Hoover** (1929-1933) | 71e-72e | 21 | 16 | 37 | 3 |
| **F. D. Roosevelt** (1933-1945) | 73e-79e | 372 | 263 | 635 | 9 |
| **H. S. Truman** (1945-1953) | 79e-82e | 180 | 70 | 250 | 12 |
| **D. D. Eisenhower** (1953-1961) | 83e-86e | 73 | 108 | 181 | 2 |
| **J. F. Kennedy** (1961-1963) | 87e-88e | 12 | 9 | 21 | – |
| **L. B. Johnson** (1963-1969) | 88e-90e | 16 | 14 | 30 | – |
| **R. M. Nixon** (1969-1974) | 91e-93e | 26 | 17 | 43 | 7 |
| **G. R. Ford** (1974-1977) | 93e-94e | 48 | 18 | 66 | 12 |
| **J. E. Carter** (1977-1981) | 95e-96e | 13 | 18 | 31 | 2 |
| **R. W. Reagan** (1981-1989) | 97e-100e | 39 | 39 | 78 | 9 |
| **G. H. W. Bush** (1989-1993) | 101e-102e | 29 | 15 | 44 | 1 |
| **W. C. Clinton** (1993-2001) | 103e-106e | 36 | 1 | 37 | 2 |
| **G. W. Bush** (2001-2009) | 107e-110e | 8 | 1 | 9 | 4 |
| **TOTAL** | | **1494** | **1066** | **2560** | **110** |

## LES PARTIS AU CONGRÈS DE 1933 À 2009

| Chambre des représentants | | | | | Sénat | | | |
|---|---|---|---|---|---|---|---|---|
| **Période** | **Congrès** | **Parti majoritaire** | **Parti minoritaire** | **Autres** | **Parti majoritaire** | **Parti minoritaire** | **Autres** | **Parti du président** |
| **1933-1935** | 73e | D 310 | R 117 | 5 | D 60 | R 35 | 1 | D Roosevelt |
| **1935-1937** | 74e | D 331 | R 103 | 10 | D 69 | R 25 | 2 | D Roosevelt |
| **1937-1939** | 75e | D 319 | R 89 | 13 | D 76 | R 16 | 4 | D Roosevelt |
| **1939-1941** | 76e | D 261 | R 164 | 4 | D 69 | R 23 | 4 | D Roosevelt |
| **1941-1943** | 77e | D 168 | R 162 | 5 | D 66 | R 28 | 2 | D Roosevelt |
| **1943-1945** | 78e | D 218 | R 209 | 4 | D 58 | R 37 | 1 | D Roosevelt |
| **1945-1947** | 79e | D 242 | R 190 | 2 | D 56 | R 38 | 1 | D Truman |
| **1947-1949** | 80e | R 245 | D 188 | 1 | R 51 | D 45 | – | D Truman |
| **1949-1951** | 81e | D 263 | R 171 | 1 | D 54 | R 42 | – | D Truman |
| **1951-1953** | 82e | D 234 | R 199 | 1 | D 49 | R 47 | – | D Truman |
| **1953-1955** | 83e | R 221 | D 211 | 1 | R 48 | D 47 | 1 | R Eisenhower |
| **1955-1957** | 84e | D 232 | R 203 | – | D 48 | R 47 | 1 | R Eisenhower |
| **1957-1959** | 85e | D 233 | R 200 | – | D 49 | R 47 | – | R Eisenhower |
| **1959-1961** | 86e | D 284 | R 153 | – | D 65 | R 35 | – | R Eisenhower |
| **1961-1963** | 87e | D 263 | R 174 | – | D 65 | R 35 | – | D Kennedy |
| **1963-1965** | 88e | D 258 | R 117 | – | D 67 | R 33 | – | D JFK/LBJ |
| **1965-1967** | 89e | D 295 | R 140 | – | D 68 | R 32 | – | D Johnson |
| **1967-1969** | 90e | D 246 | R 187 | – | D 64 | R 36 | – | D Johnson |
| **1969-1971** | 91e | D 245 | R 189 | – | D 57 | R 43 | – | R Nixon |
| **1971-1973** | 92e | D 254 | R 180 | – | D 54 | R 44 | 2 | R Nixon |
| **1973-1975** | 93e | D 239 | R 192 | 1 | D 56 | R 42 | 2 | R Nixon |
| **1975-1977** | 94e | D 291 | R 144 | – | D 60 | R 37 | 3 | R Ford |
| **1977-1979** | 95e | D 292 | R 143 | – | D 61 | R 38 | 1 | D Carter |
| **1979-1981** | 96e | D 276 | R 157 | – | D 58 | R 41 | 1 | D Carter |
| **1981-1983** | 97e | D 243 | R 192 | – | R 53 | D 46 | 1 | R Reagan |
| **1983-1985** | 98e | D 269 | R 166 | – | R 54 | D 46 | – | R Reagan |
| **1985-1987** | 99e | D 253 | R 182 | – | R 53 | D 47 | – | R Reagan |
| **1987-1989** | 100e | D 258 | R 177 | – | D 55 | R 45 | – | R Reagan |
| **1989-1991** | 101e | D 259 | R 174 | – | D 55 | R 45 | – | R Bush |
| **1991-1993** | 102e | D 267 | R 167 | 1 | D 56 | R 44 | – | R Bush |
| **1993-1995** | 103e | D 258 | R 176 | 1 | D 57 | R 43 | – | D Clinton |
| **1995-1997** | 104e | R 230 | D 204 | 1 | R 52 | D 48 | – | D Clinton |
| **1997-1999** | 105e | R 227 | D 207 | 1 | R 55 | D 45 | – | D Clinton |
| **1999-2001** | 106e | R 223 | D 211 | 1 | R 55 | D 45 | – | D Clinton |
| **2001-2003** | 107e | R 221 | D 211 | | R 50 | D 50 | | R Bush |
| **2003-2005** | 108e | R 229 | D 205 | 1 | R 51 | D 48 | 1 | R Bush |
| **2005-2007** | 109e | R 232 | D 202 | 1 | R 55 | D 44 | 1 | R Bush |
| **2007-2009** | 110e | D 233 | R 202 | | D 49 | R 49 | 2 | R Bush |

## BIBLIOGRAPHIE


### Ouvrages généraux sur les États-Unis

- David, Charles-Philippe, Balthazar, Louis, Vaïsse, Justin *La Politique étrangère des États-Unis : Fondements, acteurs, formulation,* Paris, Presses de Sciences Po, 2003.
- Deysine, Anne, *Les États-Unis aujourd'hui, Permanence et changements*, Paris, La Documentation française, 2006.
- Deysine, Anne, *Les Institutions des États-Unis*, Documents d'études n° 101, Paris, La Documentation française, 2006.
-Fohlen, Claude, Heffer, Jean, Weil, François, *Canada et États-Unis depuis 1970*, Paris, PUF, 1997.
- Fortmann, Michel, Martin, Pierre *Le Système politique américain*, Montréal, Presses de l'Université de Montréal, 2008.
- Gervais, Pierre, *Les États-Unis de 1860 à nos jours*, 2e édition, Paris, Hachette, 2006.
- Gould, Lewis L., *Grand Old Party, A History of the Republicans*, New York, Random House, 2003.
- Huret, Romain, *Les conservateurs américains se mobilisent. L'autre culture contestataire*, Paris, Autrement, 2008.
- Heffer, Jean, N'Diaye, Pap, Weil, François, *La Démocratie américaine*, Paris, Belin, 2000.
- Kennedy, David M., *Freedom from Fear, The American People in Depression and War*, New York, Oxford University Press, 1999.
- Keyssar, Alexander, *The Right To Vote : The Contested History of Democracy in the United States*, New York, Basic Books, 2000.
- Lacorne, Denis (dir.), *Les États-Unis*, Paris, Fayard-CERI, 2006.
- Maisel, L. Sandy, *American Political Parties and Elections, A Very Short Introduction*, New York, Oxford University Press, 2008.
- Mead, Walter Russell, *Special Providence : American Foreign Policy and How It Changed the World*, New York, Routledge, 2002.
- Mélandri, Pierre (avec Justin Vaïsse), *L'Empire du milieu : les États-Unis et le Monde depuis la fin de la guerre froide,* Paris, Odile Jacob, 2001.
- Mélandri, Pierre, *La Politique extérieure des États-Unis de 1945 à nos jours*, Paris, PUF, 1995.
- O'Brien, David, *Storm Center, The Supreme Court in American Politics*, New York, W.W. Norton & Co., 2003 (7e éd.).
- Parmentier, Guillaume (éd.), *Les États-Unis aujourd'hui : choc et changement*, Paris, Odile Jacob, 2004.
- Patterson, James T., *Grand Expectations : The United States, 1945-1974*, New York, Oxford University Press, 1996.
- Patterson, James T., *Restless Giant : The United States from Watergate to Bush v. Gore*, idem, 2005.
-Salmon, Frédéric, *Atlas historique des États-Unis : de 1783 à nos jours*, Paris, Armand Colin, 2008.
- Toinet, Marie-France, *Le Système politique des États-Unis*, Paris, PUF, 1987.
- Witcover, Jules, *Party of the People : A History of the Democrats*, New York, Random House, 2003.
- Zoller, Élisabeth, *Grands arrêts de la Cour suprême des États-Unis*, Paris, PUF, 2000.

### La présidence

- Aberbach, Joel, Peterson, Mark A. (dir.), *The Executive Branch*, New York, Oxford University Press, 2007.
- Crenson, Matthew, Ginsberg, Benjamin, *Presidential Power Unchecked and Unbalanced*, New York, W. W. Norton, 2007.
- Fisher, Louis, *Presidential War Power,* (2e éd. révisée), Lawrence, Kansas, University Press of Kansas, 2004.
- Gould, Lewis L., *The Modern American Presidency,* idem, 2003.
- Jones, Charles O., *The American Presidency, A Very Short Introduction*, Oxford, Oxford University Press, 2007.
- Lacorne, Denis, Vaïsse, Justin, *La Présidence impériale. De Franklin Roosevelt à George W. Bush*, Paris, Odile Jacob, 2007.
- Leutchenburg, William E., *In the Shadow of FDR : From Harry Truman to George W. Bush*, Ithaca, Cornell University Press, 1983, 2001 (3e éd.)
- Lowi, Theodore, *The Personal President : Power Invested, Promise Unfulfilled*, Ithaca, Cornell University Press, 1985.
- Michelot, Vincent, *L'Empereur de la Maison-Blanche*, Paris, Armand Colin, 2004.
- Milkis, Sidney, *The President and the Parties : The Transformation of the American Party System since the New Deal*, New York, Oxford, 1993.
- Milkis, Sidney, *The American Presidency, Origins and Development 1776-2007*, Washington, Congressional Quarterly Press, 5e éd., 2007.
- Neustadt, Richard, *Presidential Power and the Modern Presidents : The Politics of*

*Leadership from Roosevelt to Reagan*, New York, Free Press, 1990 (4e éd.).
- Perret, Geoffrey, *Commander in Chief, How Truman, Johnson, and Bush Turned a Presidential Power into a Threat to America's Future*, New York, Farrar, Straus and Giroux, 2007.
- Persichino, Roger, *Les Élections presidentielles aux États-Unis*, Paris, Gallimard, Folio.
- Pious, Richard M., *The American Presidency*, New York, Basic Books, 1979.
- Rossiter, Clinton, *The American Presidency*, Baltimore, The Johns Hopkins University Press, 1987.
- Schlesinger, Arthur M., *La Présidence impériale*, Paris, PUF, 1976.
- Schlesinger, Arthur M., *War and the American Presidency*, New York, W. W. Norton, 2004.
- Schwartz, Frederick A.O., Huq, Aziz Z., *Unchecked and Unbalanced, Presidential Power in a Time of Terror*, New York, The New Press, 2007.
- Skowronek, Stephen, *The Politics Presidents Make : Leadership from John Adams to Bill Clinton*, Cambridge, The Belknap Press of Harvard University Press, 1993, 1997.
- Toinet, Marie-France, *La Présidence américaine*, Paris, Montchrestien, 1996 (2e éd.).
- Vallet, Élisabeth, *La Présidence des États-Unis*, Sainte-foy, Presses universitaires de l'université de Québec, 2005.
- Yoo, John, *The Powers of War and Peace : The Constitution and Foreign Affairs after 1911,* Chicago, University of Chicago Press, 2005.

**Études et biographies sur les présidents récents**

**Franklin Delano Roosevelt**
- Goodwin, Doris Kearns., *No Ordinary Time : Franklin and Eleanor Roosevelt, The Home Front in World War II*, New York, Simon & Schuster,1995.
- Leuchtenburg, William E., *The FDR Years : On Roosevelt and His Legacy*, New York, Columbia University Press, 1995.

**Dwight D. Eisenhower**
- Ambrose, Stephen E., *Eisenhower : Soldier and President*, New York, Touchstone, 1991.

**John F. Kennedy**
- Dallek, Robert, *An Unfinished Life : John F. Kennedy (1917-1963)*, Boston, Back Bay Books, 2003, 2004.
- Schlesinger, Arthur M., *Les Mille Jours de Kennedy*, Paris, Denoël, 1966.

**Lyndon B. Johnson**
- Dallek, Robert, *Flawed Giant : Lyndon B. Johnson, 1960-1973*, New York, Oxford University Press, 1998.
- Portes, Jacques, *Lyndon Johnson, Le paradoxe américain*, Paris, Payot, 2007.

**Richard M. Nixon**
- Ambrose, Stephen, *Nixon : The Triumph of a Politician, 1962-1972*, New York, Simon & Schuster, 1989.
- Ambrose, Stephen, *Nixon, Ruin and Recovery, 1973-1990*, idem, 1991.

**Jimmy Carter**
- Jones, Charles O., *The Trusteeship Presidency : Jimmy Carter and The United States Congress*, Baton Rouge, Louisiana State University Press, 1988.
- Kaufman, Burton, *The Presidency of James Earl Carter, Jr.*, Lawrence, University Press of Kansas, 1993.

**Ronald Reagan**
- Cannon, Lou, *President Reagan, The Role of a Lifetime*, New York, Public Affairs, 1990, 2000.

**William Clinton**
- Blumenthal, Sidney, *The Clinton Wars,* New York, Farrar, Straus and Giroux, 2003.

**George W. Bush**
- Ball, Howard, *Bush, the Detainees and the Constitution, The Battle over Presidential Power in the War on Terror*, Lawrence, University Press of Kansas, 2007.
- Draper, Joseph, *Dead Certain, The Presidency of George W. Bush*, New York, Free Press, 2007.
- Edwards, George C. et Desmond S. King, *The Polarized Presidency of George W. Bush,* New York, Oxford University Press, 2007.
- Faure, Justine, Mélandri, Pierre (dir.), *Vingtième Siècle* n° 97, Presses de Sciences Po, 2008.
- Goldsmith, Jack, *The Terror Presidency, Law and Judgment Inside the Bush Administration,* New York, W.W. Norton, 2007.
- Marguiles, Joseph, *Guantanamo and the Abuse of Presidential Power*, New York, Simon & Schuster, 2006, 2007.
- Woodward, Bob, *Bush at War*, idem, 2002.
- Woodward, Bob, *Plan Of Attack*, idem, 2004.
- Woodward, Bob, *State of Denial, Bush at War III*, idem, 2006.

## TABLE DES ILLUSTRATIONS

**CHAPITRE 3**

**62-63** Sceau de la Federal Election Commission (FEC).
**63h** John Kerry en campagne à Orlando (Floride), élections de 2004.
**63b** Publicité télévisée du candidat démocrate, John Kerry, élections de 2004.
**64** Caricature de Herblock sur le système de l'élection présidentielle, *Washington Post* du 6 septembre 1968. A 1968 Heblock Cartoon © The Herb Block Foundation.
**65** Manifestation contre le collège électoral lors du recomptage des votes en Floride, Austin (Texas), 11 novembre 2000.
**66h** Manifestant devant le Capitole de Boston (Massachusetts), 12 février 2004.
**66b** Bénévoles de l'association Election Protection, lors du vote du 2 novembre 2004 à Milwaukee (Wisconsin).
**67** Membre de la NAACP (National Association for the Advancement of Colored People) manifestant à Miami (Floride), décembre 2000.

## CHAPITRE 4

**68** Franklin D. Roosevelt dans le bureau Ovale, janvier 1936.
**69** Sceau du président des États-Unis.
**70** Franklin D. Roosevelt lors d'une de ses «causeries au coin du feu», 28 avril 1936.
**71** George W. Bush et le pompier Bob Beckwith sur les débris du World Trade Center, 14 septembre 2001.
**72h** Thomas Jefferson en 1804, dessin de Charles Févret de Saint-Mémin. Worcester Art Museum (Massachusetts).
**72b** Le président Andrew Jackson et le système des dépouilles, caricature de Thomas Nast in *Harper's Weekly*, 28 avril 1877.
**73** Abraham Lincoln photographié à Washington le 5 février 1865 par Alexander Gardner. Washington, Library of Congress.
**74** Le président William McKinley et son vice-président Theodore Roosevelt en 1901.
**75** Georges Clemenceau, Thomas Woodrow Wilson et David Lloyd George lors de la signature du traité de Versailles en 1919.
**76 et 77d** Symbole de la NRA (National Recovery Administration), vers 1934.
**77h** Franklin D. Roosevelt avec Steve Brown, fermier victime de la sécheresse. Jamestown (North Dakota), 30 septembre 1936.
**77b** Le «noyautage» de la Cour suprême par Franklin D. Roosevelt : caricature de Clifford K. Berryman in *Evening Star*, 1937.
**78h** Le président Harry S. Truman à Key West (Floride), le 11 décembre 1947.
**78b** Enseigne de la CIA (Central Intelligence Agency) à Fort Meade (Maryland).
**79** Dwight D. Eisenhower rendant visite aux troupes américaines basées en Corée, décembre 1952.
**80** Discours télévisé de John F. Kennedy pendant la crise de Cuba, 22 octobre 1962.
**81h** Aéroport de Dallas : prestation de serment de Lyndon B. Johnson dans l'avion présidentiel, le 22 novembre 1963, après l'assassinat de JFK.
**81b** Le président Lyndon B. Johnson et le général Westmoreland sur la base aérienne de Cam Ranh Bay au Viêtnam, janvier 1966.
**82-83** Lyndon B. Johnson et ses conseillers dans le bureau Ovale lors des émeutes de Detroit, 24 juillet 1967. Photo Yoichi Ikamoto.
**84** John Kennedy et son frère Robert Kennedy, à la Maison-Blanche, octobre 1962.
**85** Richard Nixon et Henry Kissinger dans le bureau Ovale, 10 février 1971.
**86** Le président Richard Nixon annonçant sa démission à la télévision le 8 août 1974.
**87** *Nixon in Tape Web*, caricature sur le Watergate, de Robert Pryor, 1975.
**88h** Gerald Ford accorde la grâce présidentielle à Richard Nixon le 8 septembre 1974.
**88b** James E. Carter, Anouar El Sadate et Menahem Beghin lors des accords de Camp David, mars 1979.
**89h** Première rencontre de Mikhaïl Gorbatchev et Ronald Reagan à Genève, novembre 1985.
**90** Visite de George H. W. Bush aux troupes américaines en Arabie Saoudite, 22 novembre 1990.
**91** Bill Clinton défendant un projet de réforme de Medicare, Lansing (Michigan), 22 juillet 1999.
**92-93** Conférence de presse de fin d'année de Bill Clinton à la Maison-Blanche, 8 décembre 1999.
**94** Discours de George W. Bush sur le porte-avions *USS Abraham Lincoln* pendant la guerre en Irak, 1er mai 2003.
**94-95** Donald Rumsfeld, George W. Bush et Richard Cheney lors d'une cérémonie au Pentagone, Arlington (Virginie), 15 décembre 2006.
**95** Base navale de Guantanamo, 14 février 2002.
**96** La Maison-Blanche, Washington.
**97** Le pupitre du président devant la Maison-Blanche.
**126** Foule devant la Maison-Blanche, au moment des funérailles de Franklin D. Roosevelt, avril 1945.

# INDEX

La foule devant la Maison-Blanche au moment du décès de Franklin D. Roosevelt en avril 1945.

## CRÉDITS PHOTOGRAPHIQUES

AFP / Getty Images / P. Muhly 95. AFP / Getty Images / Ch. Ommanney 94-95. AFP / Getty Images / P. J. Richards Dos.AFP / Getty Images / T. Sloan 40, 40-41. Archives-Gallimard 32b. David G. Bragin 34b. Bridgeman / Giraudon 17b, 19, 72h. Coll. part. 20-21h. Corbis 39h, 87. Corbis / N. Benn 24hg. Corbis / Bettmann 3, 16-17, 20, 24-25, 28-29, 60, 70, 72b, 74, 76, 77m, 77h, 78h, 79, 80, 84, 88h. Corbis / Bettmann / Y. Okamoto 32-33, 82-83. Corbis / Bettmann / L. Sintay 49b. Corbis / Ch. Bowe Couv. 2e plat, 97. Corbis / CNP / R. Sachs 92-93. Corbis / B. Daemmrich 65. Corbis / Dpa / T. Brakemeier 9. Corbis / Sygma / J.-L. Atlan 90. Corbis / Sygma / L. Downing 6. Corbis / D. J. & J. L. Frent Collection 33b, 34h. Corbis / D. Hauck 66b. Corbis / J. Hilton 66h. Corbis / B. A. Keiser 58-59. Corbis / B. Kraft 7, 78b. Corbis / W. McNamee 26, 41b. Corbis / F. Schulke 54m. Corbis / M. H. Simon 22. Corbis / R. Sulgan 96. Corbis / O. White 1. Courtesy The Chicago Daily Defender – Ourdocuments.gov 38h. Eyedea / Karsh of Ottawa 2, 5. Gamma / White House 85. Getty Images / Hulton Archive / P. Manevy 86. Getty Images / Hulton Archive / Topical Press Agency 68. Getty Images / Kean Collection 48m. Getty Images / Marshall Couv. 1er plat (sceau), 69. Getty Images / Ronald Reagan Library 44. Getty Images / Spencer Platt 63h. Getty Images / Time & Life Pictures 43. Getty Images / Time & Life Pictures / L. Burrows 28b. Getty Images / Time & Life Pictures /W. Coupon 30g. Getty Images / Time & Life Pictures / R. Crane 48-49. Getty Images / Time & Life Pictures / M. Davis 39b. Getty Images / Time & Life Pictures / D. Halstead 37h, 89. Getty Images / Time & Life Pictures / S. Liss 30d. Getty Images / Time & Life Pictures /Time Magazine / Th. D. McAvoy 20-21b. Getty Images / Time & Life Pictures / D. Rubinger 88b. Getty Images / Time & Life Pictures / P. Schutzer 36. Getty Images / Time & Life Pictures / G. Silk 81b. Getty Images / A. Wong 35. Catherine Hélie / © Gallimard 128. The Herb Block Foundation, Washington 45, 64. Library of Congress, Washington 46-47, 52h, 52b, 73, 81h. Library of Congress, Washington / Architect of the Capitol 10. Mike Luckovich Editorial Cartoon © 2006 Mike Luckovich 23. Magnum / Abbas 58b. NAFTA 27h. NARA (National Archive and Record Administration), Washington 13h, 38b, 126. Rapho / D. C. Steffen 4. Roger-Viollet / A. Harlingue 75. Rue des Archives / The Granger Collection 12-13m, 14, 24hd, 25d, 46b, 77b. Sipa Press / AP (Associated Press) 11, 63b. Sipa Press / AP / E. Andrieski 53. Sipa Press / AP / APTN 42h. Sipa Press / AP / Ch. Rex Arbogast 57g. Sipa Press / AP / Ch. Carlson 47b. Sipa Press / AP / R. Carr 54b. Sipa Press / AP / J. Pat Carter 56. Sipa Press / AP / A. E. Conn 67. Sipa Press / AP / A. Diaz 57d. Sipa Press / AP / J. Duricka 15. Sipa Press / AP / J. C. Hong 50-51. Sipa Press / AP / P. Lennihan 42b. Sipa Press / AP / P. Martinez Monsivais 62. Sipa Press / AP / D. Mills 27b, 71. Sipa Press / AP / NARA 18. Sipa Press / AP / D. Poroy 29. Sipa Press / AP / E. Reinke 41h. Sipa Press / AP / J. Scott Applewhite 16, 94. Sipa Press / AP / Ch. Tasnadi 55. Sipa Press / AP / S. Walsh Couv. 1er plat, 91. Sipa Press / AP / White House 31. US Government 37b, 62-63.

## ÉDITION ET FABRICATION

**DÉCOUVERTES GALLIMARD**
COLLECTION CONÇUE PAR Pierre Marchand.
DIRECTION Élisabeth de Farcy.
COORDINATION ÉDITORIALE Anne Lemaire.
GRAPHISME Alain Gouessant.
COORDINATION ICONOGRAPHIQUE Isabelle de Latour.
SUIVI DE PRODUCTION Fabienne Brifault.
SUIVI DE PARTENARIAT Madeleine Giai-Levra.
RESPONSABLE COMMUNICATION ET PRESSE Valérie Tolstoï.
PRESSE David Ducreux et Alain Deroudilhe.

**LE PRÉSIDENT DES ÉTATS-UNIS, UN POUVOIR IMPÉRIAL?**
ÉDITION Michèle Decré-Cyssau.
MAQUETTE ET MONTAGE Vincent Lever.
ICONOGRAPHIE Anne Mensior.
LECTURE-CORRECTION Jean-Paul Harris.
PHOTOGRAVURE La Station Graphique.

Vincent Michelot, ancien élève de l'École normale supérieure de Saint-Cloud, est professeur des universités à l'Institut d'études politiques de Lyon où il enseigne l'histoire politique des États-Unis. Spécialiste des institutions américaines et des questions électorales, il est l'auteur d'une thèse de doctorat sur les nominations à la Cour suprême des États-Unis (1996) et de *L'Empereur de la Maison- Blanche*, un essai sur la présidence américaine (Paris, Armand Colin, 2004). Il contribue régulièrement à l'analyse de la vie politique américaine dans *Le Débat*, *Vingtième Siècle*, la *Revue française d'études américaines* ou encore *Hérodote*.

*Pour Philippe, mon père, qui m'a fait aimer l'Amérique*



*Dépôt légal : octobre 2008*
*Numéro d'édition : 159541*
*ISBN : 978-2-07-035818-2*
*Imprimé en Espagne par Grafos*